华章经管
HZBOOKS | Economics Finance Business & Management

真账实操学
成本核算
第2版

鲁爱民 主　编
温相和 副主编

ZHEN ZHANG SHI CAO XUE
CHENG BEN HE SUAN

图书在版编目（CIP）数据

真账实操学成本核算 / 鲁爱民主编 . --2 版 . -- 北京：机械工业出版社，2021.11
ISBN 978-7-111-69271-3

I. ①真… II. ①鲁… III. ①成本计算 IV. ① F231.2

中国版本图书馆 CIP 数据核字（2021）第 202870 号

  本书以虚拟企业大海公司的会计业务为背景，先简单叙述了成本核算的基本原理，然后按照企业会计成本核算的流程，详细介绍了账簿初始数据的记录、企业生产成本核算、完工产品成本核算以及如何编制成本报表。书中提供了大量实例、示例，手把手帮助读者厘清成本核算问题，快速入职晋级。

真账实操学成本核算　第 2 版

出版发行：机械工业出版社（北京市西城区百万庄大街 22 号　邮政编码：100037）	
责任编辑：杨振英	责任校对：殷　虹
印　　刷：大厂回族自治县益利印刷有限公司	版　　次：2021 年 11 月第 2 版第 1 次印刷
开　　本：170mm×230mm　1/16	印　　张：15
书　　号：ISBN 978-7-111-69271-3	定　　价：59.00 元

客服电话：（010）88361066　88379833　68326294　　投稿热线：（010）88379007
华章网站：www.hzbook.com　　读者信箱：hzjg@hzbook.com

版权所有·侵权必究
封底无防伪标均为盗版
本书法律顾问：北京大成律师事务所　韩光 / 邹晓东

前言
PREFACE

　　模拟仿真练习，一直是财务与会计教学和工作实践中大力提倡的实训环节，特别是对于初入职场的新手和即将毕业的在校学生而言，入职初期或在校期间若能接触企业实际业务操作流程，必将有助于日后尽快融入相关工作角色、提高工作技能。

　　虽然市场上财会类模拟仿真练习的书籍很多，但基本上是以日常经营中"供—产—销"业务流程的基本会计处理为主，属于初级财务会计或会计学原理的范畴；关于产品成本核算，特别是系列产品成本核算的实训教程少之又少，这也许与它的专业性以及计算过程的复杂性有关。但成本核算是一个合格的会计人员，特别是成本控制与核算人员所必须掌握的基本内容，也是企业产品定价与成本分析控制的基础。正因如此，我们于10年前便花费了诸多精力和时间克服种种困难，数易其稿，编写并出版了这本关于成本核算的训练教程，希望借助于对特定虚拟企业一段时期比较完整的相关业务活动——主要是产品成本的形成与核算方面的详细讲解、具体操作演示，以及对完整的成本业务处理流程的实账操作训练，帮助职场新手或即将入职的相关人员尽快掌握成本核算与处理方法，尽快融入成本核算与控制的实际工作中去。

　　本书第1版自出版以来，备受读者好评，其间数次加印。或许这得益于它与其他同类书籍相比的不同之处：一是在不影响实训效果的前提下，减少了同类成本核算事项的重复次数，强调成本核算的重点内容与技能，提高了使用者仿真练习的效率；二是专门设置了"贴心提示"和细致的典型操作示例，并提供了较为详细的参考答案等，更便于使用者无师自通、轻松入门。

近年来，国际国内经济环境显著变化，企业竞争加剧，对人才技能与水平的要求不断提高。为了更好地帮助职场新手或即将毕业入职的学生完成从"菜鸟"到企业专职人员的角色转换，有效提高就业能力，特别是职业竞争能力，经出版社提议，我们在保持本书第 1 版原有特色的基础上做了四个方面的修订：一是对第 1 版中存在的数字、图示或计算失误等进行了必要的修正；二是对部分实例、业务及其操作描述进行了调整，使之更加符合新形势下企业对成本核算的要求，也更便于读者理解；三是对全套模拟资料的数据进行了简化，在符合企业现实状况的前提下，尽量通过同比例变动或同类调整，剔除过小或过大的金额数值，降低计算的繁杂程度，便于读者将重心放在对成本核算方法及内容的理解上，而不是在单纯的数字计算上浪费时间；四是在附录的参考答案中，增加了各批次产品的成本计算表以及相关 Excel 表的计算过程的解释等，更便于使用者自学自练、自我检验。

本书由浙江工业大学鲁爱民老师负责修订，温相和、朱春敏、马卓女等企业与高校同人参与了其中的部分修订工作。在此对各位参与者以及第 1 版编写的参与者张颖、李花、张华良等人一并表示感谢，同时也非常感谢机械工业出版社华章公司及编辑石美华、杨振英等一直以来对我们的鼓励和支持，谢谢你们！

鲁爱民
2021 年于杭州

目 录
CONTENTS

前　言

第 1 章　基本知识概述 / 1
    1.1　成本核算内容 / 2
    1.2　成本核算的基本要求 / 4
    1.3　工业企业成本费用分类以及核算的常用会计科目 / 9
        1.3.1　成本费用的分类 / 9
        1.3.2　成本核算常用的会计科目 / 12
    1.4　工业企业成本核算的一般流程 / 15
    1.5　工业企业产品成本计算方法简介 / 17

第 2 章　成本核算会计实务实账操作：基本资料 / 32
    2.1　模拟企业：大海公司基本状况 / 32
        2.1.1　大海公司机构设置 / 32

    2.1.2 大海公司部分部门职能简介 / 33
  2.2 大海公司产品及生产过程简介 / 34
    2.2.1 大海公司产品基本情况 / 34
    2.2.2 大海公司产品生产过程及工艺流程 / 37
  2.3 大海公司产品成本核算制度 / 39
    2.3.1 大海公司企业资源规划简介 / 39
    2.3.2 大海公司生产相关流程介绍 / 39
    2.3.3 大海公司产品成本核算办法 / 51
    2.3.4 大海公司产品成本核算科目设置 / 52
    2.3.5 大海公司产品成本核算流程 / 54
  2.4 大海公司成本核算的初始数据及经济业务汇总 / 56
    2.4.1 大海公司成本核算初始数据 / 56
    2.4.2 大海公司产品成本核算业务资料 / 64

第 3 章 账簿初始数据的记录：实务实账操作 / 116
  3.1 成本核算的准备工作 / 116
  3.2 账簿形式与账页格式的选择 / 117
  3.3 初始数据的记录与检查 / 121

第 4 章 模拟企业生产成本核算：实务实账操作 / 124
  4.1 材料、人工等的核算与分配 / 124
    4.1.1 材料的内涵 / 124
    4.1.2 材料的库存管理 / 125
    4.1.3 材料费用的核算与分配 / 125
    4.1.4 人工费用的核算与分配 / 130
  4.2 其他费用的核算与分配 / 137
    4.2.1 外购动力费用的核算与分配 / 137
    4.2.2 折旧费用的核算与分配 / 139
    4.2.3 跨期摊配费用的内涵与核算 / 140

4.3 辅助生产费用的核算与分配 / 141
    4.3.1 辅助生产费用的归集 / 141
    4.3.2 辅助生产费用的分配 / 142

4.4 制造费用的核算与分配 / 150

4.5 废品及停工损失的核算与分配 / 154
    4.5.1 废品损失的核算与分配 / 154
    4.5.2 停工损失的核算与分配 / 155

第 5 章 完工产品成本核算：实务实账操作 / 157

5.1 完工产品成本计算基本原理 / 157

5.2 在产品数量的盘点与核算 / 158

5.3 完工产品与在产品之间分配生产成本的方法 / 159

5.4 完工产品成本计算与账户结转示范 / 164

第 6 章 编制成本报表实训 / 167

6.1 成本报表概述 / 167
    6.1.1 成本报表的作用 / 167
    6.1.2 成本报表与财务报表的区别和联系 / 168
    6.1.3 成本报表的分类 / 170
    6.1.4 成本报表的编制要求 / 171

6.2 常见成本报表的编制方法 / 172
    6.2.1 可比产品与不可比产品的成本报表填列及其示范 / 172
    6.2.2 主要产品单位成本报表的填列及其示范 / 175
    6.2.3 制造费用明细表的填列 / 177
    6.2.4 其他成本报表的填列 / 179

附录 部分参考答案 / 184

Chapter 01 第 1 章

基本知识概述

　　成本，是社会经济活动与生产经营活动中非常普遍并广泛运用的一个经济概念，其内涵有广义与狭义之分，区别在于是否包含了"费用"的内容。从广义上说，成本包含了费用，泛指特定主体从事某种经济活动以及为达到一定目的或完成特定项目（或任务）而发生的所有能用货币计量的经济代价，包括各类损失、耗费与付出，最常表现为如人力、物力、财力以及时间等方面的损耗和支出。从狭义上说，成本不包含费用，两者从会计要素的性质上讲存在一定的差别，具体核算时也常常需要将两者区别处理。所谓狭义的成本，主要是指为获得一定资产（包括实物财产与权利资产等）而付出的相应对价。例如，为获得一套设备而支付的买价、运费、安装调试费等，即形成该套设备的成本；为生产一批产品而耗费的相应材料、人工及其他能耗开支等，即形成该批产品的制造成本；等等。狭义的费用，则主要是指企业或其他经营主体为了维持日常运营、获取当期经营利益所产生的，应由当期效益承担的各种消耗性的开支，如为了推销产品而发生的参展费、当期广告费等产品促销支出，为了维持企业整体运行而产生的当期办公经费、董事会会务支出，以及为了缓解企业资金紧张而产生的周转资金借款利息等。因此，狭义的成本是一种或几种资产转换为另一种或几种资产的对价，不直接影响当期经营利润；狭义的费用则属于当期对资产的实质性消耗，直接影响当期的经营利润。

作为企业经营活动的主要构成要素，成本费用的高低既影响着企业的经营规模，也影响着经营业务的质量，更进一步影响着企业的经营获利、竞争实力与后续发展。因此，正确、合理且及时地核算企业成本费用，为经营决策者及其他相关信息使用者提供客观而清晰的成本费用分析资料，是任何一个企业都应该重视的工作。本书基于这一考虑，将从广义的成本入手，以狭义的成本核算为基础，同时兼顾部分必要的费用核算。

现实中，关于成本费用的核算，特别是产品成本的正确核算，是一件比较烦琐的事情，远比普通的成本会计教科书中分模块讲解要来得复杂。本书希望借助于对某虚拟企业——大海公司，一段较为完整时期的相关成本费用业务资料在会计核算方面的全流程、全业务模拟处理，特别是对产品成本核算的详细解释与具体操作演示，并通过实账操作训练，手把手帮助初次涉及成本费用核算的相关人员了解较为完整的成本与费用业务处理流程，尽快掌握其核算与处理方法，使大家早日熟悉角色，胜任实际的成本费用核算与分析工作。

1.1 成本核算内容

从经济角度来讲，企业的经营目标无疑是获取尽可能多的利润，而"收入－费用＝利润"这一内在关系说明：只有增加收入或降低费用，才能最终创造高额利润，即以尽可能低的代价，换取尽可能多的收益。但这并非说成本与费用一定就是越低越好。在实际经营中，如果是在收入一定的前提下，成本和费用的降低，的确会增加企业的利润。然而，有时候过低的成本费用可能会影响到企业产品与服务的质量、企业的持续经营与长远发展，甚至会直接影响生产效率与经营效果,最终反而会造成收入的减少以及利润的相应下滑。比如过低的营销费用的投入,可能不利于企业产品打开市场,从而造成产品销售扩张无力;过低的研发投入,也不利于企业产品或服务创新,不利于后续竞争力的培育和提高等。反之,一定情况下适当增加必要的成本费用,也许会有助于未来利润的增长,如增加对现有操作员工的技能培训开支,表面上看的确会增加企业的教育培训费用,但有可能因为员工技能的熟练与提高而降低产品的不合格率,提高员工劳动效率,进而整体上增加经营所得。

因此,客观、准确地进行成本费用的核算与分析,为成本控制与决策提供信息,就成为企业的中心任务之一。下面具体介绍成本核算的主要内容。

1. 预测成本费用,编制成本控制计划

企业生产经营活动是一个连续不断的过程,具有一定的延续性。在外部环境及生产经营状况变化不大的前提下,生产支出与经营性耗费带有一定的变动规律,如变动成本将随着业务量同比增减,固定成本在一定范围内保持相对稳定,等等。作为成本核算的首要内容,应该在对以往成本费用信息进行分析研究的基础上,结合内外部影响生产要素的相关因素进行分析,找出成本费用与生产经营之间的内在联系与统计规律,进行必要的定量预测与定性分析,形成下一阶段成本控制的计划与目标,为合理的资金安排、具体的成本控制工作提供行动指南与考核标准。

2. 完善成本核算与监督,及时提供准确的成本费用信息

进行成本预测与预算管理,需要建立在对以往数据、资料充分记录的基础之上,再结合未来可能发生的环境及经营情况变化进行必要的调整与修正。成本核算与监督,就是在保障信息完整、真实的前提下,采用科学、严密的方法,对企业发生的一切成本费用开支,进行分类、汇总、记录、计算,以合理确定不同业务、不同产品的经营与生产制造成本,合理确定不同职能部门的运营维护经费。

生产制造成本的正确核算,关系着不同产品的生产策略、产品功能设计与市场定位、产品销售定价(或毛利空间)等的选择确定;职能部门运营维护费用的确认与计量,直接影响着企业各期经营损益的正确计算,进一步关系着各期相关经营绩效与经营业绩的考核和评价。因此，完善的成本核算，是及时提供准确的成本费用信息的根本保证。

3. 科学进行成本分析与决策，合理降低成本费用

在充分获得成本费用核算信息的前提下，成本管理的最重要内容之一就是通过对这些信息的详细分析，全面了解企业目前成本费用的实际发生情况，通过对实际成本费用的构成分析、耗费程度分析、实用效果分析、额度分析、差异分析等，确定各产品项目、生产阶段、业务流程的成本效益。一方面便于利用本—量—利三者之间的关系，进行产品生产或转产、停产以及自产或外包等短期生产经营方式的决策；另一方面也便于预测资金流量，进行经营项目的中长期投资决策。此外，科学进行成本分析，有助于企业发现成本费用形成过程中存在的浪费或失控之处，从而有的放矢地进行调整与控制管理，促使成本费用得到合理、有效的控制或降低。

4. 全面开展成本费用考核与评价，开源节流，保障成本控制计划的有效执行

有记录才会有预测分析，有预测才会有预算定额，有预算才谈得上计划，有计划才会有努力的方向和目标。而为了达到目标，就需要有必要的管理与激励措施。对成本费用的核算、预测等，都是为了达到合理控制成本费用的目的。这就需要企业有计划、有针对性地进行经常性的成本费用考核与评价：针对不同阶段、不同对象的成本控制要求与成本执行结果，进行总量与构成因素的对比分析，寻找产生成本差异的原因、出现成本费用超支或造成不必要耗费的原因，以及降低经营效益的具体工艺环节或流程，从而有针对性地进行完善或改进；同时，通过对产品工艺、生产环节、业务流程的不断优化和科学改革，开源节流，真正在保障和提高产品质量、改进产品性能的前提下，加强成本控制，促进成本计划的有效执行。

1.2　成本核算的基本要求

作为成本费用控制与管理的基础，成本核算的内容与质量直接影响着对现

阶段成本费用控制计划执行情况的分析考核结果以及对下一阶段成本费用的预测及预算编制等。因此，科学合理且准确及时地进行成本核算，成为企业成本管理的重要组成部分。具体而言，成本核算应满足如下一些基本要求。

1. 成本核算必须与成本管理紧密结合

成本核算是基础，成本管理是手段，成本控制是目的。显然，三者之间是相辅相成、缺一不可的。只有将成本核算与管理密切结合，根据管理的要求和内容确定核算的方式方法，根据管理的需要确定核算最小单位以及核算的标准、类别等，才能真正做到让核算为管理服务，真正发挥成本核算在生产经营中的作用及价值。

2. 区别各种成本费用，正确界定不同成本费用的范畴或界限

从成本管理与控制的要求上来讲，"成本"和"费用"是不完全相同的两个概念。本书开篇已经指出：狭义的"成本"是指为获得一定资产而付出的相应对价，一般构成该资产的取得成本即原始账面价值，形成了企业的一项或多项资产，本质上属于不同"资产"之间的转换，因此这种"成本"的产生并不会直接影响企业当期经营利润；"费用"则是企业为维持生产经营所产生的各种耗费与支出，一般构成企业的当期经营损耗，减少了企业的当期经营利润。

显然，对成本和费用处理的不同，直接影响着企业对不同阶段、不同部门的业绩评价以及企业资产价值的正确计量。具体来讲，以下几个方面的正确划分是非常必要的。

（1）正常生产经营过程中的成本费用与非正常生产经营过程中的费用的正确划分

正常生产经营过程中的成本费用，是企业在正常生产产品或维持日常经营活动时经常需要的日常相关开支与耗费，如生产产品的物料与人工耗费、水电耗费、折旧费用以及办公经费、董事会费、差旅费、营销费、借款利息费，等等。这些成本费用或者直接形成企业的另一些资产（如库存商品与在产品），或者形成企业的管理费用、销售费用和财务费用等期间费用，是评价企业日常经营成果和经营实力、预测未来成本费用水平与资金流量的最基本资料。

而非正常生产经营过程中的费用，则是企业偶然发生的或不该发生的一些意外开支与耗费，如处置固定资产的净损失，与债务人进行债务重组时因让步而产生的重组损失，遭受自然灾害造成的损失以及因违法等行为发生的罚款损失等。这些并不是企业经营中一定需要发生的，更不是经常性发生的，一般都作为"营业外支出"来处理。营业外支出虽然也在一定侧面反映了经营管理者的管理水平，但在预测未来费用开支与资金流量时仅仅作为参考，而不具有持续性的特点。因此非正常生产经营过程中的费用必须与正常生产经营过程中的成本费用区别核算。

（2）生产费用与经营费用的正确划分和核算

生产费用，是指企业为提供最终产品（含服务）而发生的产品生产成本（或完成业务的直接耗费）。产品没有售出之前（或业务尚未发生时），发生的生产费用依然属于企业资产范畴（如在产品或库存商品等），不影响企业盈亏；只有在将产品售出（或服务已经提供）之后，相应的生产费用才转化为营业成本，形成经营利润的减项。也就是说，生产费用在发生当期不一定影响企业的经营利润，而有可能构成企业的另一种资产；只有在生产费用所对应的产品所有权转移（或完成服务等劳务活动）之后，才影响企业的经营利润。

经营费用则不然，它是企业维持日常经营的笼统性费用，由前面提及的管理费用、销售费用和财务费用构成。这些费用一旦产生，就直接形成了企业当期经营利润的减项，因此常称为"期间费用"。

显然，生产费用与经营费用的正确划分，对企业财务状况与经营成果的恰当反映，无疑会产生根本性的影响。

贴心提示

假设企业当月生产某种产品，耗用材料37.9万元，发生人工开支28.1万元（显然这两笔开支都属于企业的生产费用）。如果当月该产品没有完工或虽然完工但没有售出，则这两笔开支成为企业月末的"存货"资产的组成部分，不涉及企业盈亏，企业当月资产总额也不会因此而改变。

然而，假设企业当月发生的是一笔13.7万元的行政开支（如总经办文件复印费、办公大楼水电费等），则需要直接作为当月的"管理费用"，从而直接减少企业当月利润总额，企业当月资产总额也会因此而相应减少。

（3）不同会计期间成本费用的正确划分

正确划分不同会计期间的成本费用，一方面是为了合理确定不同时期的资产价值及经营耗费，另一方面也是为了正确评价不同时期（如各个月份、各个年度等）经营管理者的经营管理业绩。毕竟，费用所归属的时期不同，直接影响着不同时期对经营利润的确认和计量，也就进一步影响着绩效考评的对比结果。实务操作中，一般应至少以各个月份作为基本的计量期间，合理确定不同月份的成本费用与收入归属，为绩效考评和正确反映企业经营状况提供科学、合理的核算资料。

（4）各种产品生产费用的正确划分

生产费用的产生是企业生产产品的直接结果，也最终构成了各类产品的生产成本。根据市场价值规律以及"本—量—利分析"的基本要求，企业经营获利的基本条件是在保证产品销售的前提下，确保产品售价不低于对该产品生产费用的全面补偿。具体而言，每一类产品是否能够获利，是否需要调整其生产安排，不仅取决于企业的战略规划，也取决于该类产品的实际单位售价能否大于其单位变动成本以及实际产销量能否大于保本点销售量等基本要求。

然而，企业在具体安排生产时，同一生产车间、同一生产周期、同一套生产线或生产设备以及同一批生产人员等，都不一定只局限于对同一类产品的生产，而完全有可能是同时从事多种产品的生产，这就要求企业不仅要正确区分不同会计期间及各个月份的生产费用，还要正确区分不同产品的生产费用，将那些共同发生的成本费用在不同的相关会计期间和不同的相关产品上进行合理分配，从而为产品定价及生产管理提供具体的参考依据。

（5）完工产品与在产品的正确划分

通常情况下，企业的生产经营是连续不断进行的，每一天可能都有新的原材料投入产品生产，也有已经生产完工的产品从车间转入库存或销售环节，还有不少则处于在产品状态。而成本费用的原始记录常常是按照生产车间、产品品种或费用类别来进行的。当一个月结束时，需要将相关共同费用按照一定标准分配到具体的产品品种之中。此外，出于产品定价及生产管理的需要，还应该通过约当产量法、定额法等恰当的计算方法，将汇总到同一品种上的产品生产费用在当月已经完工入库的产成品与尚未完工的月末在产品之间进行分配，以便最终计算出完工产品的平均单位生产成本和总成本。

3. 结合企业业务特点以及生产经营与管理的要求，选择恰当的成本计算方法、资产计价方法和价值结转方法，正确核算成本、资产及各期经营成果

在会计核算，特别是成本核算的实务操作中，一项业务的发生常常可能涉及不止一种计算或计价方法，如发出材料或产品时可以选用计划成本法、先进先出法、加权平均法等，将辅助生产车间的辅助费用分配到各受益部门或基本生产车间时可以选用直接分配法、交互分配法、顺序分配法、代数分配法、计划分配法等。不同方法下计算出来的结果显然会存在差异，这些差异的存在就有可能使后续预测、决策、考核、评价等方面也存在明显的不同。这就要求企业相关责任人员在面临多种方法可供选择时，结合企业业务特点以及生产经营与管理的要求，本着谨慎性与重要性的原则，选择恰当的成本计算方法、资产计价方法、费用分配与结转方法等，以便如实反映企业各期经营成果和财务状况。

4. 完善成本核算制度，做好相关基础工作

"没有规矩，不成方圆。"作为企业会计核算最重要的内容之一，成本核算必须在明确的会计制度、成本核算制度、成本核算组织架构等规章制度的约束下有规律地进行。成本核算必须首先加强和完善相关核算与管理制度，如材料物资的计量、收发、领退和盘点制度，定额管理与考核制度等；建立健全成本核算原始记录；做好定额制定或修订、计划价格制定或修订等成本核算与分析评价的基础工作。一方面要做到每一项相关成本费用的发生都"事出有因"，相关核算与分析工作落到实处，事事有人做；另一方面又要保障相关事务与人员权限无交叉、无重复，避免推诿、扯皮现象发生。企业只有真正做好这些基础工作，才能保障成本核算信息的完整、真实、及时和有效获得与利用，真正发挥成本核算与控制的积极作用。

1.3 工业企业成本费用分类以及核算的常用会计科目

成本核算离不开会计科目，由于本书所拟企业为工业企业，因此以下将以工业企业为例，介绍成本费用的分类以及核算中一些常用的会计科目。

1.3.1 成本费用的分类

对于成本费用，一般根据管理目的的不同有不同的划分标准，常见的有按照经济内容（即成本费用构成要素）、经济用途等标准进行分类。

1. 按照经济内容分类

按照经济内容分类，是指根据构成成本费用本身的经济效用或经济性质来划分，一般将其划分为外购材料、外购燃料和动力、工资薪酬、折旧与摊销费、利息支出、税金和其他费用等。

其中，外购材料是指企业从其他经济主体那里采购获得的各种用于生产、经营的消耗性物资，包括各种原材料、低值易耗品、包装物等；外购燃料和动力是指企业从其他经济主体那里采购获得的各类用作燃料或动力的煤、油、气、电力等；工资薪酬是指企业支付给职工或为职工承担的工资、奖金、福利、补贴及教育费附加等相关费用；折旧与摊销费是指企业拥有或占用固定资产或无形资产，根据规定应该确认的该类资产的价值损耗；利息支出是指企业为了维持生产经营而发生的借款利息以及资金调配的理财费用。

2. 按照经济用途分类

按照经济用途分类，是指根据生产经营中发生成本费用的原因来划分，通常可以划分为制造成本与期间费用。

（1）制造成本

制造成本是指直接与生产产品相关的各类物质耗费、人工耗费和其他有关费用，包括直接材料、燃料动力、直接人工、制造费用等。直接材料指构成产品主要部分的各类物资，如主要原材料、辅助材料、备品配件、外购半成品以及作为完整产品的一个组成部分的包装物等。燃料动力指直接用于产品生产的燃料动力费。直接人工指直接从事产品生产的一线人员的工资、奖金、补贴、津贴、福利等。制造费用指在产品生产过程中不能直接归入上述三类支出但间接属于产品生产的各项开支，包括车间管理人员、勤杂人员、设计人员等车间非直接参与产品加工生产的人员的工资、福利、奖金等，车间应承担或分摊的燃料动力费、固定资产折旧及维护修理费，车间办公费、机物料消耗、低值易耗品摊销、停工损失等。其中，停工损失和废品损失等费用也可以根据管理的需要单独列项目进行核算。

制造成本最终构成了对应产品全部的生产成本。当产品生产完工、从车间转入成品仓库后，制造成本便相应转化为库存商品的成本，并随完工产品的销售而进一步转化为相应各期的营业成本。未销售或未完工产品的制造成本则形成了企业期末库存商品存货和在产品存货成本的主要部分。

（2）期间费用

期间费用是指企业在一定会计期间内为组织和管理日常生产经营活动（但与具体生产产品无直接的因果关系或因果关系不明显）所发生的各种费用。这些费用的产生一般与特定时期（即会计期间）有关，但不需要或难以归属于某具体的特定产品或服务对象。财务上通常按照这些费用所对应的时期，直接将其作为发生当期的相关费用，计入当期损益项目，因此统称为"期间费用"，具体又包括管理费用、财务费用和销售费用等。其中"销售费用"，也称为"营业费用"，商品流通企业更多将其与一部分管理费用合并作为"经营费用"。

1）管理费用，一般是指为保障本企业正常、持续的生产经营活动而发生的各项经营管理和组织行为的耗费，通常产生于企业的行政管理部门，具体包括公司经费（管理和维护公司日常活动的开支，如行政人员工资薪酬、行政办公费、办公设备等相关资产的维护与修理费、折旧费、低值易耗品等物料耗费、差旅费等）、工会经费、职工教育经费、劳动保险与社会保险费、董事会费（包括董事会会议开支以及董事会成员的津贴与差旅开支）、顾问与咨询及中介费用、诉讼费、排污费、绿化费、业务招待费、研发费，以及与经营业务无直接关系、按规定应列入"管理费用"项目核算的房产税、车船税、印花税和土地使用税等。

2）财务费用，主要是指企业为满足生产经营所需而筹集资金所发生的相关费用，包括用于生产经营活动中的借入资金所孳生的净利息支出、因借入外币资金或涉及外币业务所产生的汇兑净损失以及办理特定资金业务所产生的手续费等费用。

贴心提示

并非所有因筹集资金所发生的净利息支出或汇兑净损失都属于"财务费用"。当该项募集资金用于可资本化的资产构建项目时，在符合资本化条件的时间和金额范围内，相应的净利息支出或汇兑净损失应予以资本化，即计入相关构建资产的价值中，形成该资产的成本。

例如，某企业2022年初借入一笔3年期借款400万元，年利息率为7%，全数用于日常经营周转，则当年的利息费用28万元（=400万元×7%）应全部作为"财务费用"处理。

反之，假设该企业借入资金后，其中300万元立即用于厂房建造，建造期一年，其余款项用于日常经营活动，则当年的28万元利息费用中，21万元（=300万元×7%）应通过"在建工程"项目计入厂房的价值中，形成最终"固定资产——厂房"的成本，而其余的7万元（=100万元×7%）利息费用才可以作为当年的"财务费用"处理。

3）销售费用，是指企业为销售商品（含完工入库的产成品、可以出售的自制半成品或在产品等)和提供劳务等而发生的各项促销费用以及企业专设销售机构所产生的各项经费,如广告费、展览费、运输与装卸费、专设销售机构的人员经费、差旅费、办公费、折旧费等。

3. 其他分类标准

上述两种分类,是在成本核算过程中比较常见和最普遍的分类形式。而在实际的成本管理与控制活动中,除了上述两种分类之外,还可以根据不同的管理需要进行不同标准的成本分类。如按照成本的习性,把成本划分为变动成本、固定成本和混合成本三种;按照各职能部门对所发生的成本是否可以控制,将成本划分为可控成本和不可控成本;此外还有机会成本、差别成本等专项成本的概念。

1.3.2 成本核算常用的会计科目

成本核算中,一般以经济用途为基础,根据管理与分析对核算的要求,设置如下主要的会计科目。

1. 生产部门设置科目

针对生产部门,通常应设置"生产成本"和"制造费用"两个一级核算科目,用来归类核算生产部门(含辅助生产部门和直接生产部门)为生产产品或提供劳务而发生的代价。具体使用时,可以在这两个一级科目下首先区分不同生产车间的具体功能,分别设置"基本生产成本"和"辅助生产成本"(或具体车间名称)等二级分类核算科目,以便具体核算每一个生产部门或生产车间的直接与间接耗费。

1)"基本生产成本"科目。直接生产部门一般设置"生产成本——基本生产成本"或"生产成本——基本生产成本(XX车间)"科目,用来汇总归集本生产部门所发生或承担的各类生产消耗(包括月末从本生产部门"制造费用"科目转来的项目金额),以便计算本生产部门生产产品或提供劳务的单位成本与总成本,进一步为产品或劳务定价提供依据。"基本生产成本"科目的借方登记该生产部门进行生产活动所发生的直接耗费，以及从"制造费用"（或"辅助生产成本"）科目分配转来的项目金额；贷方一般登记本部门完工入库而转出的完工产品的生产成本；余额通常在借方，表示该生产部门期末在产品的成本。

2）"辅助生产成本"科目。如果说直接生产部门是以产品作为经济活动成果的，那么辅助生产部门就是为基本生产部门的正常生产提供生产与劳务服务和保障的。如机修车间要保障生产设备的安全和正常运转，对机械设备进行必要的检修与维护；水电部门要保障正常生产的用电、用水需要等。这些部门的存在是正常生产经营的必要组成部分，但又与直接生产部门有所不同，一般通过设置"生产成本——辅助生产成本"或"生产成本——辅助生产成本（XX车间）"科目汇总归集该部门所发生或承担的各类费用。

辅助生产部门也可能有独立生产的产品，并可能也对外销售，如零部件车间所加工生产的零部件或备品备件，在满足本企业生产所需数量的前提下，也可能会将多余产品对外出售。但这并不是辅助生产部门的主要运作目的，因此还是需要和基本生产部门区别核算，以便确定该部门的相关耗费，进一步为产品定价或劳务分配提供依据。"辅助生产成本"科目的借方登记该部门进行生产与劳务服务所发生的耗费；贷方登记完工入库的产品成本或分配转出的劳务服务成本；余额通常在借方，表示期末在产品的成本或尚未分配转出的劳务服务成本。

3）"制造费用"科目。"制造费用"科目可以说是"生产成本"科目的辅助科目，一般也根据需要按照不同生产车间或部门设置明细分类账，用于核算各生产车间或部门的间接开支以及从其他部门分配过来的费用，如车间设备的折旧费、车间非一线工人的工资薪酬、水电费、维修费等。该科目借方一般登记发生的该类费用；贷方登记分配转入"生产成本"各科目的费用；除特殊情况之外，通常当期费用全额转入"生产成本"，即期末"制造费用"科目一般无余额。

2. 非生产部门或各职能部门设置科目

针对非生产部门或者各职能部门，需要设置"管理费用""销售费用"（或"营业费用"）和"财务费用"科目，用来归类核算各职能部门当期的各项耗费。

这三个科目统称为"期间费用",其具体核算内容已经在1.3.1节"按照经济用途分类"中的"期间费用"部分做过较为详细的叙述,此处不再重复。

"管理费用""销售费用"和"财务费用"三个期间费用科目的记账方法基本是一样的,借方一般登记发生的各该类费用的实际金额;贷方登记期末转入"本年利润"科目的金额;结转之后,上述三个科目期末一般无余额。即这三个科目的主要作用是核算相应部门的"当期费用"。

3. 其他相关科目

正常情况下,上述两大类科目基本包括了日常成本核算所涉及的内容,不过,企业情况各不相同,出于管理的需要和企业本身的经营特点,也可能会增设一些其他相关科目,如"废品损失""停工损失"等。

1)"废品损失"科目。一般情况下,如果企业生产工人技术水平高、生产管理好,出现废品或次品的概率相对较小。这时,通常不需要设置"废品损失"科目,偶尔出现了废品或残次品,造成了损失,直接通过"生产成本"或"制造费用"科目进行简化核算便可。

如果出于管理的需要而单独核算废品损失的话,就需要设置"废品损失"科目。其借方登记发生的不可修复废品的生产成本以及可修复废品的修复费用;贷方登记收回的废品残料、应收责任人的赔款以及期末转入"生产成本"的废品净损失金额;结转之后,该科目期末一般没有余额。

2)"停工损失"科目。与"废品损失"科目类似,如果企业停工情况极少发生,停工损失相对很小,也可以不设置"停工损失"科目。偶尔出现了停工所造成的损失,直接通过"生产成本""其他应收款""营业外支出"等科目进行简化核算处理。

但如果停工损失金额较大的话,还是需要设置"停工损失"科目的,以便于分析影响和强化管理。该科目借方登记因停工而发生的应列入停工损失的人工、材料等各项费用;贷方登记应收责任人的赔款以及期末按规定转入"生产成本"或"营业外支出"等科目的净损失金额;结转之后,该科目期末一般没有余额。

1.4 工业企业成本核算的一般流程

根据上面介绍的成本费用分类以及核算常用的会计科目，结合工业企业成本核算的特点，我们可以简要概括出工业企业成本核算的一般流程，并形象地画出流程图（见图1-1）。

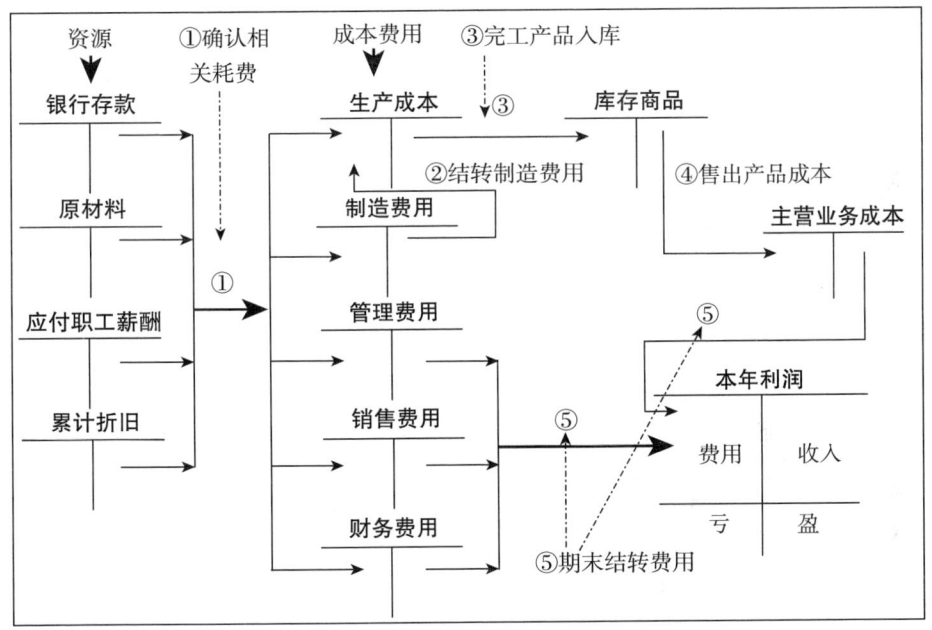

图1-1 工业企业成本核算的流程图

上述工业企业成本核算的具体说明如下。

1. 确认相关耗费

确认相关耗费，即对发生的日常生产经营费用，根据配比原则确认应承担的对象并进行相应的计量与确认等会计处理。通常，各车间发生的相应耗费，能直接归属于具体产品的，计入"生产成本"科目，不能直接归属于某产品的或车间发生的间接耗费，先计入"制造费用"科目，月末再按照一定的分配方法分配结转入"生产成本"科目。

对于如人事、财务、法务、办公室等各职能部门所发生的耗费（包括人员薪酬、办公费、差旅费、审计费、绿化费、排污费、诉讼费、董事会费、办公设备维护与折旧费等），应直接计入"管理费用"科目进行核算；企业因为销售或促销等而产生的耗费（如广告费、陈列费、参展费、销售人员薪酬以及专设销售机构的其他开支等），应计入"销售费用"科目进行核算；企业因筹措生产经营性资金所产生的利息费用、筹资手续费用以及因外币业务而产生的汇兑损益等，一般则应计入"财务费用"科目进行核算（符合资本化条件的利息等费用，计入相应的资产成本中）。

在这一流程的核算处理中，应特别注意根据权责发生制的要求对同时涉及数个会计期间的跨期费用进行必要而合理的摊销或预提。

2. 结转制造费用

结转制造费用这一流程实际上包括三个步骤：第一步，如果企业在业务核算中有单独核算的辅助生产车间（即设置有"生产成本——辅助生产成本"以及"制造费用——××辅助生产车间"等核算科目），需要先将辅助生产车间的制造费用按照一定的分配方法结转至本车间的辅助生产成本中；第二步，将归集好的辅助生产车间的当期耗费采用恰当的分配方法，按照"谁受益谁承担"的原则分配结转到各受益对象中（具体结转方法见本书第4章4.3节的内容）；第三步，将各生产车间归集好的制造费用按照一定的方法分配结转至具体的产品成本中，即将制造费用分配结转到相应生产成本的产品明细账中（具体结转方法见本书第4章4.4节的内容）。

3. 完工产品入库

在日常产品生产加工过程中，一般通过"生产成本"和"制造费用"科目，归集和汇总产品生产所发生的直接或间接的全部耗费。期末，在将"制造费用"科目中归集和汇总的费用结转到"生产成本"科目之后，需要再采用恰当的费用分配方法将"生产成本"科目所归集的费用在完工产品与月末在产品之间进行分配，计算出本期完工产品的生产成本并将其结转至"库存商品"科目（具体计算和结转方法见本书第5章的内容），为后续的销售成本计算及产品定价提供依据。

4. 售出产品成本

企业生产产品所发生的各项耗费,在该类产品没有售出或使用之前,均记录在"库存商品"或"生产成本"等科目中,作为企业的"存货"资产而存在。一旦产品对外出售或被使用,则其生产加工成本便转化成了相应的费用,需要从"库存商品"科目记录转入"主营业务成本"或其他相应的费用类科目中,以便与收入匹配并正确计算当期损益。

5. 期末结转费用

期末结转费用是成本核算流程中的最后一个环节,是指在会计期末,将所有损益类科目的本期发生净额结转至"本年利润"科目中,以便进一步计算企业当期盈亏,分析企业当期经营状况与经营成果,为下一阶段的经营活动决策与控制提供所需的参考资料。

结转当期损益,一般是在月末或季末、年末进行的,需要将当期的"主营业务成本""其他业务成本""管理费用""销售费用""财务费用""营业外支出"等费用类科目的本期发生净额和"主营业务收入""其他业务收入""投资收益""营业外收入"等收入类科目的本期发生净额悉数结转入"本年利润"科目,并通过该科目计算出当期发生的盈亏,进一步计算企业应该缴纳的所得税费用。在进行相应的会计分录确认后,将"所得税费用"科目的本期发生净额也一并转入"本年利润"科目中,计算出当期的税后净利润;然后将该税后净利润从"本年利润"科目转入"利润分配"科目,便于进行必要的利润分配。

1.5 工业企业产品成本计算方法简介

如同前面所讲,当产品完工后,实物产品将从生产车间转入成品仓库,而与这些完工产品对应的生产加工成本也需要在月末计算出来并相应结转入"库存商品"科目中。那么,如何计算产品成本?

工业企业计算产品成本的方法较多，一般包括品种法、分批法（含简化的分批法）、分步法、分类法、定额法等，具体采用哪些方法，应根据企业实际的生产特点和管理要求进行选择。

1. 品种法

品种法是所有产品成本计算方法中最简单也最基础的计算方法。它要求企业按照具体产品的品种设置明细分类账，进行日常产品生产费用的归集和整理。如果发生的一笔生产费用是为某种产品而产生的，直接计入该产品成本明细账中；如果发生的生产费用是为某几种产品共同产生的，则需要按照一定的分配标准（如耗用时间、耗用数量、产品体积或价值等）分配计入各产品的成本明细账中。

【例1-1】假设企业某车间生产工人当月同时加工生产A、B、C三种产品。该车间生产工人当月薪酬金额为36 000元，应由A、B、C三种产品共同承担。由于各种产品加工时间及加工难度大致相同，因此采用产量作为分配标准。假设该车间当月加工生产A产品200件、B产品180件、C产品220件，三种产品各自应承担的人工薪酬费用为：

A产品应承担人工费 = 36 000 × (200 ÷ 600) = 12 000（元）
B产品应承担人工费 = 36 000 × (180 ÷ 600) = 10 800（元）
C产品应承担人工费 = 36 000 × (220 ÷ 600) = 13 200（元）

会计分录为：

借：基本生产成本——A产品　　　　　　　　　12 000
　　　　　　　——B产品　　　　　　　　　10 800
　　　　　　　——C产品　　　　　　　　　13 200
　　贷：应付职工薪酬　　　　　　　　　　　　　36 000

以品种法计算产品成本，由于平时已经将相应费用分门别类汇总分配计入各具体产品的明细账中，因此，期末只需要将该明细账中归集的全部生产费用在完工产品与在产品之间合理分配，即可计算出该种产品的单位生产成本以及完工产品的总生产成本。如果期末没有在产品，或在产品数量极少，耗费可以忽略不计的话，那么当期产品成本明细账中归集的全部生产费用，就是当期该种完工产品的总生产成本。

品种法核算相对简单，一般适用于大批量、单步骤生产（或者虽然是多步骤生产，但在管理上不要求提供分步骤的成本信息）的产品核算。这种方法的关键在于对各相关费用归集的全面性，通常应考虑如下几方面内容：一是直接的生产耗费如材料、直接人工和其他直接费用；二是生产中出现的停工损失、废品损失、盘盈盘亏损益中需要承担的部分；三是分配承担的辅助车间生产费用；四是分配承担的本部门折旧、摊销等其他间接的制造费用。在将这些相关费用完整记录的前提下，品种法核算实际上相当于会计核算中对生产部门成本费用的明细核算过程。

2. 分批法

所谓分批法，是指在区别不同品种的基础上，按照产品的生产批别归集生产费用、计算产品成本的方法。它一般适用于单件、小批量或订单式生产的产品核算。

由于小批量、订单式生产方式下，同一批次或同一订单的生产大多步调一致，期末（月末）或者都没有完工，或者都已经完工，因此不太需要在月末考虑完工产品与在产品之间生产费用的划分问题：在该批产品完工前，产品成本明细账中归集的全部生产费用都是该批在产品的生产成本；在该批产品完工后，产品明细账中归集的全部生产费用就是该批完工产品的总生产成本，只要与产品数量相除，即可计算出该批完工产品的单位生产成本。

有些时候，如果订单式生产的批量较多，也会出现月末部分完工、部分未完工的情况，这时就有必要将当期归集的生产费用在完工产品与在产品之间进行分配，以计算出完工产品的生产成本。不过，为了避免这种情况所造成的核算工作量增加，企业在采用分批法核算时，还是应该尽可能合理组织生产，合理调节每一批次或每一订单的批量。

以分批法计算产品成本，遇到应由几个批次产品共同承担的间接生产费用，依然需要按照一定的分配标准在各个批次产品中进行分配。如果一个会计核算期间内涉及同一产品的很多批次，由于各批次开始和完工的时间各不相同，那么对共同间接生产费用的分配也是一件很烦琐的工作。为了简化这项工作，实务中也可以采用简化的分批法进行成本计算。

简化的分批法，是在按照产品品种及产品批别设置成本明细账的基础上，又增设了基本生产成本的二级明细分类账——"基本生产成本——共同间接费用"。其中，按照产品品种及批别设置的成本明细账，平时只记录该批别产品生产中发生的直接耗费和所耗用的工时等资料，而数个批次产品共同产生的待分配的间接费用，则在发生时计入专门设置的基本生产成本二级明细账中，不需要一定按月分配到各批次产品成本账簿中，只有在某个月有产品完工时，才按照累计工时的比例进行间接费用的分配，以便计算完工产品应该分摊的间接费用和总的生产成本。完工产品应该分摊的间接费用从基本生产成本二级明细账中转出，但未完工产品（即在产品）所应承担的间接费用，仍然留在基本生产成本二级明细账中。

【例1-2】假设企业某车间生产A产品，采用简化的分批法进行核算。该车间5月A产品共分三个批次投入生产。各批次直接耗费和所耗用工时以及共同产生的间接费用等资料如表1-1所示。

表1-1　某车间5月A产品生产资料

（金额单位：元）

批次	批量（件）	直接材料	直接人工	其他直接费用	耗用工时	共同间接费用
第一批	260	6 283	2 200	560	1 410	6 940
第二批	390	9 404	2 629	608	1 328	
第三批	310	5 002	1 846	312	906	

假设当月没有产品完工，则共同间接费用无须进行各批次之间的分配。

假设6月又投入第四批A产品的生产。同时第一批产品6月全部完工入库。各批次累计直接耗费和所耗用工时以及共同产生的间接费用等资料如

表 1-2 所示。

表 1-2 某车间 6 月 A 产品生产资料

（金额单位：元）

批次	批量（件）	直接材料	直接人工	其他直接费用	耗用工时	共同间接费用 合计	共同间接费用 分配
第一批	260	7 878	2 613	910	2 410	9 360	2 819.7
第二批	390	10 483	3 058	742	2 948		9 360−2 819.7=6 540.3
第三批	310	6 108	2 487	673	1 992		
第四批	280	3 994	1 369	299	650		

由于 6 月第一批产品全部完工，因此需要将共同间接费用在各批次之间进行分配。假设按照累计工时的比例进行分配，则：

共同间接费用分配率 = 9 360÷（2 410＋2 948＋1 992＋650）=1.17（元/工时）

第一批产品应承担间接费用 = 2 410×1.17 = 2 819.7（元）

其余三批产品应承担间接费用 = 9 360 − 2 819.7 = 6 540.3（元）

将第一批产品应承担的间接费用从基本生产成本二级明细账中转入第一批产品的生产成本中，会计分录为：

借：基本生产成本——A 产品——第一批（制造费用）   2 819.7
　　贷：基本生产成本——A 产品共同间接费用   2 819.7

由此可以计算出第一批 A 产品的实际生产成本，如表 1-3 所示。

表 1-3 第一批 A 产品的实际生产成本

（金额单位：元）

批次	批量（件）	直接材料	直接人工	其他直接费用	制造费用	合计
第一批	260	7 878	2 613	910	2 819.7	14 220.7
平均单位成本		30.3	10.05	3.5	10.845	54.695

即第一批产品的实际生产总成本为 14 220.7 元，平均单位成本为 54.695 元。

为减少初学者实际操练的难度，本书实例部分将采用简化的分批法进行演示。

3. 分步法

所谓分步法，是指在区别不同品种的基础上，按照产品的生产步骤归集生产费用、计算产品成本的方法。它一般适用于大批量、多步骤生产的产品核算。这类产品的生产，需要经过若干个有明显区别的生产步骤才能完成；每个步骤所完工的半成品便是下一个步骤所需要的主要原料；只有在全部工序都完成时，才形成企业的完工产品。然而，一方面出于成本控制与管理的需要，另一方面由于在特殊情况下，甚至半成品也可能对外出售（此时半成品便也成了完工产品），因此在管理上需要获得每一步骤在产品及半成品的生产成本，这就提出了分步法的成本核算要求。

分步法将成本核算对象具体到每一品种的各个生产步骤，按品种按步骤设置产品成本明细账。属于具体产品、具体步骤的直接生产耗费，直接计入该具体品种相应步骤的产品成本明细账中；属于几个共同产品或步骤的共同耗费，则采用适当的分配方法进行分配，然后计入相应产品成本明细账中。对于前后步骤之间半成品成本的计算与结转，考虑到实际生产中各企业生产工艺流程的区别与特点以及管理上的不同需要，实务中一般存在着两种结转方法：逐步结转法和平行结转法。

（1）逐步结转法

逐步结转即将上一步骤完工转入本步骤的半成品成本作为本步骤的原材料或"半成品"的主要构成内容，加上本步骤发生的各项生产耗费，共同构成本步骤全部的生产成本，然后按照一定的方法计算出本步骤完工产品应该承担的成本，一并结转到下一步骤产品生产中，形成下一步骤的原材料或"半成品"的主要构成内容。

【例1-3】假设企业生产A产品需要分三个独立的步骤，分别由三个车间完成。各车间完工的半成品经由半成品库收发。各步骤所需材料或半成品均在生产初始一次性投入。完工产品与在产品之间采用约当产量法分配其他各项费用（含直接人工和制造费用），各车间及步骤有关资料如下。

第 1 步：一车间期初在产品 166 件，本月投产 904 件，本月完工 800 件（成本见表 1-4）。

表 1-4　一车间本月完工产品成本

（金额单位：元）

第 1 步：一车间	数量（件）	直接材料	直接人工	制造费用	合计
半成品一的完工成本	800	29 600	15 840	6 560	52 000
平均单位成本	23	37	19.8	8.2	65

当月完工转出半成品一的会计分录为：

借：自制半成品——半成品一　　　　　　　　　52 000

　　贷：基本生产成本——一车间　　　　　　　　　　　52 000

第 2 步：二车间当月领用自制半成品一 780 件投入生产（单位成本 65 元/件）。会计分录为：

借：基本生产成本——二车间　　　　　　　　　50 700

　　贷：自制半成品——半成品一　　　　　　　　　　　50 700

二车间期初在产品 106 件，本月投产 780 件，本月完工 750 件（成本见表 1-5）。

表 1-5　二车间本月完工产品成本

（金额单位：元）

第 2 步：二车间	数量（件）	半成品一	直接人工	制造费用	合计
半成品二的完工成本	750	49 500	18 450	6 300	74 250
平均单位成本		66	24.6	8.4	99

当月完工转出半成品二的会计分录为：

借：自制半成品——半成品二　　　　　　　　　74 250

　　贷：基本生产成本——二车间　　　　　　　　　　　74 250

我们以第 3 步（三车间）为例详细说明逐步结转法的做法。

假设第 3 步三车间当月领用自制半成品二共 790 件投入生产（加权平均单位成本 100 元/件），会计分录为：

借：基本生产成本——三车间　　　　　　　　　79 000
　　贷：自制半成品——半成品二　　　　　　　　　　　79 000

三车间期初在产品110件，本月投产790件，本月完工805件。相关各项成本明细账如表1-6所示（期初数据及人工耗费等为假设数据）。

表1-6　三车间相关各项成本明细账

（金额单位：元）

第3步：三车间	数量（件）	半成品二	直接人工	制造费用	合计
月初在产品	110	10 890	1 688	709	13 287
本月耗费（投产）	790	79 000	14 259	9 635	102 894
完工转出产成品	805	80 403.4	14 892.5	9 660	104 955.9
平均单位产成品成本		99.88	18.5	12	130.38
月末在产品	95	9 486.6	1 054.5	684	11 225.1

假设月末在产品完工程度约为60%，则表1-6中后三行"完工转出产成品""平均单位产品成本"（相当于相应项目的分配率）以及"月末在产品"的数据计算如下：

月末在产品约当产量 = 95×60% = 57（件）

本月半成品费用分配率 = （10 890 + 79 000）÷（110 + 790） = 99.88

本月完工产品应承担半成品费用 = 805×99.88 = 80 403.4（元）

本月直接人工费用分配率 = （1 688 + 14 259）÷（805 + 57） = 18.5

本月完工产品应承担直接人工费用 = 805×18.5 = 14 892.5（元）

本月制造费用分配率 = （709 + 9 635）÷（805 + 57） = 12

本月完工产品应承担制造费用 = 805×12 = 9 660（元）

本月完工转出产品的总成本 = 80 403.4 + 14 892.5 + 9 660 = 104 955.9（元）

当月完工转出产成品的会计分录为：

借：库存商品——A产品　　　　　　　　　　　104 955.9
　　贷：基本生产成本——三车间　　　　　　　　　　104 955.9

采用逐步结转法时，中间步骤的"半成品"其实包含了上一步骤的"直接人工"和"制造费用",因此第3步产品完工所计算出来的产品各构成项目"半成品""直接人工"和"制造费用"的金额并非完整、纯粹的确切数据,还需要将"半成品"中所包含的"直接人工"和"制造费用"分离出来,即进行成本还原,以便得出真实的人工、制造费用等成本构成信息。

进行成本还原,需要从最后一个步骤开始倒推,将所耗用的上一个步骤半成品的综合成本分解为具体的"原材料""直接人工"和"制造费用"。具体分解的办法一般是按照上一个步骤半成品成本中各个成本构成项目在总成本中所占的比重进行计算。如例1-3中,第3步完工产品中的半成品二的成本为80 403.4元。根据第2步完工半成品的各项成本构成可以得出各成本构成比例,如表1-7所示。

表1-7 第2步完工半成品二的各项成本构成

(金额单位:元)

	数量(件)	半成品一	直接人工	制造费用	合计
完工转出半成品二	750	49 500	18 450	6 300	74 250
平均单位半成品成本		66	24.6	8.4	99
各成本构成比例(%)		66.7	24.8	8.5	100

则第3步完工产品中半成品二的综合成本80 403.4元可以分解为:

综合成本80 403.4元中的半成品一成本 = 80 403.4 × 66.7% = 53 629.07(元)

综合成本80 403.4元中的直接人工费用 = 80 403.4 × 24.8% = 19 940.04(元)

综合成本80 403.4元中的制造费用 = 80 403.4 × 8.5% = 6 834.29(元)

再根据第1步完工半成品的各项成本构成可以得出半成品一中各成本构成比例,如表1-8所示。

表1-8 第1步完工半成品一的各项成本构成

(金额单位:元)

	数量(件)	原材料	直接人工	制造费用	合计
完工转出半成品一	800	29 600	15 840	6 560	52 000
平均单位半成品成本		37	19.8	8.2	65
各成本构成比例(%)		56.9	30.5	12.6	100

则第2步完工半成品中包含的53 629.07元半成品一可以分解为:

53 629.07 元半成品一中的原材料成本 = 53 629.07 × 56.9% = 30 514.94（元）

53 629.07 元半成品一中的直接人工费用 = 53 629.07 × 30.5% = 16 356.87（元）

53 629.07 元半成品一中的制造费用 = 53 629.07 × 12.6% = 6 757.26（元）

将上述分解后的各同类要素相加，即得出第 3 步完工产品的各项成本最终直接构成，如表 1-9 所示。

表 1-9 完工产品的各项成本构成

（金额单位：元）

	数量（件）	原材料	直接人工	制造费用	合计
完工产成品	805	30 514.94	14 892.5 + 19 940.04 + 16 356.87 = 51 189.41	9 660 + 6 834.29 + 6 757.26 = 23 251.55	104 955.9
平均单位成本		37.91	63.59	28.88	130.38

（2）平行结转法

平行结转法一般在以组装为主的多步骤生产企业中，或经营和管理上不需要计算各步骤完工的"半成品"成本的情况下才使用。

使用平行结转法，不需要将每一步骤完工的半成品成本转入下一步骤产品生产成本中，因此也就不需要设置"半成品"核算项目。只需要在当月有产品真正完工时，对各个步骤发生的各项生产耗费，根据完工百分比法或约当产量法等合理、恰当的方法分配计算到最终完工和广义的未完工在产品[⊖]上。将属于最终完工产品成本的部分，从各个步骤中同时转入"库存商品——××产品"项目，然后分项目汇总，即可得出最终完工产品应该承担的"料、工、费"的具体成本。

【例 1-4】假设某企业生产丙产品需要分三个步骤，分别由三个车间完成。上一步骤完成的半成品直接转入下一步骤继续加工，各步骤所需材料均在加工初始一次性投入。完工产品与在产品之间采用定额法，按照定额工时分配其他各项费用。

各步骤有关数量与定额资料如表 1-10 所示。

⊖ 此处"广义的未完工在产品"包括了前面各步骤虽然已经完工但最后一个步骤尚未完工的全部半成品。

表 1-10　各步骤有关数量与定额资料

	期初在产品量（件）	当期投产量（件）	当期完工量（件）	期末在产品量（件）	单位定额工时	
					在产品	产成品
第1步	390	1 210	1 260	340	0.5	4
第2步	240	1 260	1 120	380	1.5	6
第3步	280	1 120	1 150	250	2	6

表 1-11 是各步骤有关费用的相关资料。

表 1-11　各步骤有关费用的相关资料

（金额单位：元）

	期初在产品			当期发生额		
	原材料	直接人工	制造费用	原材料	直接人工	制造费用
第1步	5 860	134 485	19 771	7 284	204 500	52 400
第2步	5 840	67 940	21 860	13 740	398 500	49 900
第3步	1 006	66 500	8 010	3 894	199 900	28 990

由于各步骤所需材料均在加工初始一次性投入，而平行结转法下"广义的未完工在产品"包括了前面各步骤虽然已经完工但最后一个步骤尚未完工的半成品，因此具体步骤如下。

1）第1步：

广义的未完工在产品 = 本步骤及后续各步骤期末在产品数量之和
$$= 250 + 380 + 340 = 970（件）$$

而各步骤完工产品均为最后一步已完工的产成品 1 150 件。

原材料费用分配率 =（5 860 + 7 284）÷（1 150 + 970）= 6.2（元/件）

应转入最终完工产品的原材料费用 = 1 150 × 6.2 = 7 130（元）

月末在产品原材料费用 = 970 × 6.2 = 6 014（元）

直接人工费用分配率 = 本步骤直接人工费用总额 ÷（在产品定额工时 × 本步骤期末在产品数量 + 产成品定额工时 × 本步骤后续各步骤期末在产品数量与最终完工产成品数量之和）

$$=（134 485 + 204 500）÷[0.5 × 340 + 4 ×（250 + 380 + 1 150）]$$

= 46.5（元/工时）

应转入最终完工产品的直接人工费 = 1 150×4×46.5 = 213 900（元）

月末在产品直接人工费 = [0.5×340 + 4×（250 + 380）]×46.5 = 125 085(元)

$$\text{制造费用分配率} = \text{本步骤制造费用总额} \div \left(\text{在产品定额工时} \times \text{本步骤期末在产品数量} + \text{产成品定额工时} \times \text{本步骤后续各步骤期末在产品数量与最终完工产成品数量之和} \right)$$

= （19 771 + 52 400）÷[0.5×340 + 4×（250 + 380 + 1 150）]

= 9.9（元/工时）

应转入最终完工产品的制造费用 = 1 150×4×9.9 = 45 540（元）

月末在产品制造费用 = [0.5×340 + 4×（250 + 380）]×9.9 = 26 631（元）

2）第2步的计算原理和方法与第1步类同：

第2步广义的未完工在产品 = 250 + 380 = 630（件）

原材料费用分配率 = （5 840 + 13 740）÷（1 150 + 630）= 11（元/件）

应转入最终完工产品的原材料费用 = 1 150×11 = 12 650（元）

月末在产品原材料费用 = 630×11 = 6 930（元）

直接人工费用分配率 = （67 940 + 398 500）÷[1.5×380 + 6×（250 + 1 150）]

= 52（元/工时）

应转入最终完工产品的直接人工费用 = 1 150×6×52 = 358 800（元）

月末在产品直接人工费用 = （1.5×380 + 6×250）×52 = 107 640（元）

制造费用分配率 = （21 860 + 49 900）÷[1.5×380 + 6×（250 + 1 150）]

= 8（元/工时）

应转入最终完工产品的制造费用 = 1 150×6×8 = 55 200（元）

月末在产品制造费用 =（1.5×380 + 6×250）×8 = 16 560（元）

3）第3步的计算原理和方法也与第1步类同：

第3步在产品 = 250（件）

原材料费用分配率 = （1 006 + 3 894）÷（1 150 + 250）= 3.5（元/件）

应转入最终完工产品的原材料费用 = 1 150×3.5 = 4 025（元）

月末在产品原材料费用 = 250×3.5 = 875（元）

直接人工费用分配率 =（66 500 + 199 900）÷（2×250 + 6×1 150）

＝36（元／工时）

应转入最终完工产品的直接人工费用 = 1 150×6×36 = 248 400（元）

月末在产品直接人工费用 = 250×2×36 = 18 000（元）

制造费用分配率 =（8 010 + 28 990）÷（2×250 + 6×1 150）= 5（元／工时）

应转入最终完工产品的制造费用 = 1 150×6×5 = 34 500（元）

月末在产品制造费用 = 250×2×5 = 2 500（元）

根据上面的计算结果，可以得出各步骤转入最终 1 150 件完工产品的有关费用及期末在产品成本的相关资料，如表 1-12 所示。

表 1-12 完工产品的有关费用及期末在产品的成本

（金额单位：元）

	期末在产品			转入最终完工产品金额			
	原材料	直接人工	制造费用	原材料	直接人工	制造费用	合计
第 1 步	6 014	125 085	26 631	7 130	213 900	45 540	266 570
第 2 步	6 930	107 640	16 560	12 650	358 800	55 200	426 650
第 3 步	875	18 000	2 500	4 025	248 400	34 500	286 925
最终完工产品总成本				23 805	821 100	135 240	980 145
最终完工产品平均单位成本				20.7	714	117.6	852.3

各步骤转出最终完工产品成本的会计分录为：

借：库存商品——丙产品　　　　　　　　　　980 145

贷：基本生产成本——1 车间　　　　　　　266 570

　　　　　　　　——2 车间　　　　　　　426 650

　　　　　　　　——3 车间　　　　　　　286 925

4. 分类法

分类法是先根据产品生产工艺、规格型号或材料构成等的不同，将差别不是很大的产品归为一类，差别明显的产品归为不同的其他各类。每一类内的产品都当作广义的一种产品，然后依照"品种法"的做法，按照产品大类进行日常生产费用的归集、整理和分配；期末也完全按照"品种法"的做法，将广义的"一种产品——产品大类"上归集的全部生产费用在完工产品与在产品之间做合理分配，计算出该产品大类完工产品的总生产成本，然后再按照一定的分配标准（如类内各具体产品品种的数量、产品体积或价值等）分配计算各具体产品的生产成本。

分类法一般适用于企业产品品种或规格繁多，但各大类内的具体产品品种之间差别不大的情况。其做法基本等同于品种法，一定程度上可以说是对品种法的分级运用，因此属于产品成本核算的一种辅助方法，限于本书篇幅，此处不再举例。如有需要，读者可参考各类"成本会计学"教材的相关章节内容。

5. 定额法

定额法是指事先确定产品生产过程中的各项定额，然后在日常成本费用核算时，将符合定额的耗费和超过（或低于）定额的费用差异分别核算，设置"脱离定额差异"和"定额变动差异"明细账，以便在提供产品实际生产成本资料的同时，也能够提供有关生产中"脱离定额差异"或"定额变动差异"等信息，为成本控制与评价提供依据。

采用定额法的基本做法是：首先，确定各类原材料、人工、动力燃料等的消耗量定额和计划单价（或人工、费用的单位消耗费用率），在此基础上计算出产品的各项生产费用定额和单位产品定额成本；其次，在生产过程中，发生生产耗费时，通过编制定额凭证和差异凭证，将符合定额的耗费和超过（或低于）定额的费用差异（包括"脱离定额差异"和"定额变动差异"）分别核算，记入相应费用明细账中，为差异分析与考核提供依据，以便控制超支，避免和杜绝浪费；最后，在月末或期末，将"脱离定额差异"和"定额变动差异"上记录的差异汇总额，按照一定的分配标准（一般是按照定额成本比例）在完工产品与在产品之间进行合理分配，计算出完工产品实际应承担的材料计划成本，即：

$$\text{完工产品实际应承担的计划成本} = \text{完工产品的定额成本} \pm \text{完工产品应承担的脱离定额差异} \pm \text{完工产品应承担的定额变动差异}$$

此外，如果企业日常在材料获得时存在着实际采购成本与计划成本之间的差额，那么期末还应该同时将"材料成本差异"上记录的期初成本差异余额与本期发生的成本差异额合计数，除以本期领用材料与库存材料的计划成本合计数，计算出材料成本差异分配率；再将此分配率乘以当期完工产品实际承担的材料计划成本，计算出完工产品实际应承担的材料成本差异，一并计入完工产品的总生产成本，即：

$$\text{完工产品应承担的材料成本差异} = (\text{完工产品的定额材料成本} \pm \text{完工产品应承担的材料脱离定额差异} \pm \text{完工产品应承担的材料定额变动差异}) \times \text{材料成本差异分配率}$$

$$\text{完工产品实际的总生产成本} = \text{完工产品的定额成本} \pm \text{完工产品应承担的脱离定额差异} \pm \text{完工产品应承担的定额变动差异} \pm \text{完工产品应承担的材料成本差异}$$

定额法与前面所述各类方法之间的最大不同在于：无论是品种法、分批法、分步法还是分类法，其成本费用的计算都是基于实际发生的耗费。从成本控制的角度来说，不利于了解产品生产过程中成本费用的节约或浪费，也就不利于获取成本控制所需要的相关信息；定额法则不同，它是基于产品生产过程中的各项定额进行核算，一般适用于管理要求比较高，定额管理制度健全，定额的确定相对科学、合理稳定的成本核算。限于本书重心与篇幅，此处也不再举例。如有需要，读者也可以参考各类"成本会计学"教材中的相关章节。

Chapter 02 第 2 章

成本核算会计实务实账操作：基本资料

2.1 模拟企业：大海公司基本状况

大海股份有限责任公司（以下简称"大海公司"）的总部设在杭州经济技术开发区内，主要生产、销售"大海"牌系列产品，是一家典型的工业企业。公司注册资本为 1 500 万元，占地 50 余亩，是集产品研究、开发、生产、销售于一体的一般纳税人企业。

2.1.1 大海公司机构设置

大海公司组织架构如图 2-1 所示。

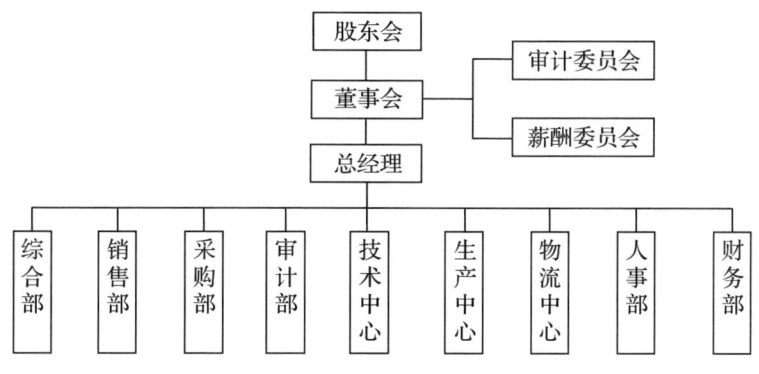

图 2-1 大海公司组织架构图

2.1.2 大海公司部分部门职能简介

限于篇幅，本书重点介绍大海公司产品成本核算相关部门的职能，介绍其在产品生产过程中的分工与产品成本核算过程中的职责，便于后文介绍产品成本核算是如何合理归集与分摊公司从购入原材料到产品完工入库整个过程中所发生的成本与费用的。

公司采购部、技术中心、生产中心、物流中心都是成本核算的直接相关部门，另外还有人事部、财务部等间接相关部门。

（1）采购部

采购部负责公司原材料、包装物、低值易耗品、固定资产等的采购以及与供应商相关的沟通管理等工作，保障公司生产所需物料的正常供应。其主要职能包括对供应商进行选择；对采购物品的合同进行拟订、商务洽谈及签约执行；维持与供应商的良好合作关系等。

（2）技术中心

技术中心主要负责基础技术研究、产品开发、生产技术及生产工艺的设计与优化等工作。技术中心下辖品质保障部（以下简称"品保部"），主要负责产品质量的控制与质量管理工作，其日常开支通过"辅助生产成本"科目进行核算。

（3）生产中心

生产中心下辖计划部、设备部、生产一部、生产二部、生产三部，主要负责生产计划的调度安排，并完成各项生产任务。

其中，计划部主要负责生产排单、物料需求计划的制订等工作。

设备部主要负责生产车间的动力保障、设备安装与维护等正常的生产保障工作，属于辅助生产部门，所发生的开支将通过"辅助生产成本"科目进行核算。

（4）物流中心

物流中心下辖材料仓库、成品仓库和运输部门，主要负责物料的调度、存储、搬运、收发等物流管理工作。

（5）人事部

人事部负责公司的人力资源事务，包括公司的人事招聘或辞退、人员培训、绩效考核、薪资结算等工作。

（6）财务部

财务部全面负责公司的财务工作，包括在遵循《会计法》和《企业会计准则》的前提下，制定公司的基本会计制度及财务核算办法，对公司发生的各类经济业务活动进行核算、监督、分析、控制和考核，并在日常核算的基础上编报公司财务报告。同时，该公司财务部门的职责还包括进行资金预算管理，参与企业的投资、融资决策以及公司的纳税申报和汇算清缴等。

公司具体的产品成本核算相关岗位及职责分工如表 2-1 所示。

2.2　大海公司产品及生产过程简介

2.2.1　大海公司产品基本情况

公司主要生产新材料下的发光产品及下游应用产品，该产品具有节能、环保、使用寿命长等特性。根据产品特性不同，分为直插式、贴片式、特殊式等种类，分别由生产一部、生产二部、生产三部进行生产。限于篇幅，本书资料仅以生产二部作为模拟对象，故只详细介绍贴片式发光材料的各类产品。

表 2-1 具体的产品成本核算相关岗位及职责分工

岗位	所属部门	主要职责	输出信息内容
材料管理员	物流中心材料仓库	1. 依据已批准的生产领料单发料 2. 编制原材料进销存汇总表	领料单、材料明细账、原材料进销存汇总表
生产计划员	生产中心计划部	1. 根据已批准的销售订单、制定生产任务单 2. 按任务单确定物料需求计划、制定采购申请单 3. 期末统计任务单、对已完成任务单进行结案处理	生产任务单、采购申请单、生产任务单汇总表
外协计划员	生产中心计划部	1. 按生产任务单确定物料需求计划、制定委托外部加工申请单 2. 期末统计生产任务单，并对已完成生产任务单进行结案处理	委外加工申请单、委外加工统计表
薪资专员	人事部	1. 审核统计工人完工产量、计时工人出勤情况 2. 制定工人工资单、其他人员工资单	工资单、工时统计表
生产助理	生产中心	1. 生产单跟单、完成领料退料、成品入库等工作 2. 登记与统计各生产单工时耗用 3. 编制各车间生产统计表	领料单、退料单、生产入库单、生产单统计表
成品管理员	物流中心成品仓库	1. 管理成品仓库、签收确认完工入库产品 2. 编制成品进销存汇总表	生产入库单、成品进销存汇总表
材料会计	财务部	1. 负责核算材料采购、材料发出业务 2. 本期材料费用分配	材料明细账、材料发出汇总表
费用会计	财务部	1. 编制费用凭证、归集公司制造费用、管理费用、销售费用、管理费用等 2. 编制固定资产折旧表、计算分配固定资产折旧	总账、明细账、折旧表等
成本会计	财务部	1. 分配本期材料费用和直接人工费用 2. 分配辅助生产成本、分配结转制造费用 3. 结转完工产品成本 4. 结转本期销售产品成本	材料分配表、人工分配表、辅助生产成本分配表、制造费用分配表、总账、明细账等

公司贴片式发光产品按规格尺寸分为三类，型号分别为 2835、5050、2030 等；按用途分，主要有照明系列产品和彩色显示屏系列产品；各规格产品按其结构、参数、细分用途等又分为若干品种。为便于介绍与理解，产品代码编码规则将以图 2-2 所示为准。

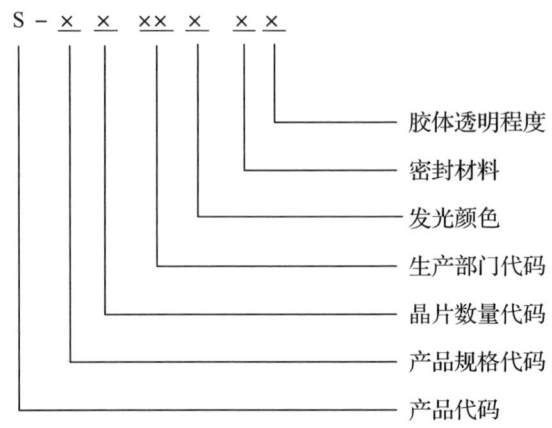

图 2-2　产品代码编码规则

其中，部分代码说明如下。

1）产品代码：S——贴片式。

2）产品规格代码：A——2835；B——5050；C——2030。

3）晶片数量代码：S——单晶（单芯）；D——双晶；T——三晶。

4）生产部门代码：本书中只涉及生产二部，代码统一以 ** 表示。

5）发光颜色：R——红色；G——绿色；B——蓝色；F——全色；W——白色。

6）密封材料：S——辅助材料 S；E——辅助材料 E。

7）胶体透明程度：1——透明；2——黄色；3——其他。

代码示例：S-AS**WS2，意思是大海公司生产二部生产的贴片式 2835 规格单晶白光发光产品。该产品以 S 材料密封，为黄色胶体产品。

本实训资料所设公司产品清单如表 2-2 所示。

表 2-2 公司产品清单

产品类别	产品图示	使用范围	性能参数	备注
2835 白光 S-AS**WS2		指示灯、照明、液晶背光源	发光强度：1500mcd 反向电流：10μA 顺向电压：3.2V	黄色胶体 发光颜色：白色
5050 白光 S-BT**WS2		指示灯、照明、液晶背光源、汽车应用	发光强度：4500mcd 反向电流：10μA 顺向电压：3.2V	黄色胶体 发光颜色：白色
2835 全彩 S-AT**FE1		户内显示屏、红绿蓝全彩屏、指示灯	发光强度：R—240mcd，G—950mcd，B—230mcd 反向电流：10μA 顺向电压：R—2.0V，B/G—3.2V	胶体形状：雾状 发光颜色：全彩 表面色：黑色
5050 全彩 S-BT**FE1		户外显示屏、户外照明	发光强度：R—650mcd，G—1150mcd，B—285mcd 反向电流：10μA 顺向电压：R—2.0V，B/G—3.2V	胶体形状：雾状 发光颜色：全彩 防水等级（IPX5）
2030 白光 S-CS**WS2		指示灯、照明、液晶背光源	发光强度：2000mcd 反向电流：10μA 顺向电压：3.2V	黄色胶体 发光颜色：白色

另外，该公司产品根据客户用途不同，选择的光、电参数不同，分别进行定制化生产。为了达到客户的要求，对产品主物料的选择可能会有些许调整，导致该产品每批次的成本也不尽相同。

2.2.2 大海公司产品生产过程及工艺流程

大海公司的产品使用高精度新型材料，生产过程涉及材料种类繁多，生产工艺较为复杂。为了满足其产品的高精度与高可靠性，公司对生产过程的控制也更为严格。本书为便于读者操练，化繁为简，适当省去基本雷同的相似车间和生产步骤，仅介绍生产二部的生产工艺流程，并将其生产流程及工艺流程进行适当简化，简化后的流程如表 2-3 所示。

表 2-3　生产二部简化后的生产工艺流程

工序名称	可能所需物料	工艺及说明	备注
固焊处理	主料——甲类物料 主料——乙类物料 辅料——A 类物料 辅料——B 类物料	1. 通过高精度设备，对甲类物料进行特殊处理 2. 通过高精度设备，使用 A 类辅料，将主料甲在设定位置与主料乙黏结，并通过相关性能测试 3. 通过 B 物料在设定位置联通主料甲与主料乙，并通过相关性能测试	各类物料因厂家不同、规格不同有若干型号
点胶烘烤	辅料——C 类物料 辅料——S 类物料 辅料——E 类物料	1. 通过特殊工艺将 C 类辅料涂覆于产品某设定位置（部分产品不需要） 2. 使用 S 类辅料或 E 类辅料将产品密封处理 3. 将经过 S 类辅料或 E 类辅料处理的产品送入烤箱烘烤	
分选包装	料盒 包装袋 包装箱	1. 通过专用设备，对产品依据参数按分类体系进行分选 2. 通过专业设备，把分选好的产品按不同参数进行特殊包装，并装袋	

其中，主料——乙类物料，在特殊情况下还需要通过喷涂特殊处理工艺，此工艺需外协厂家加工完成。其流程如图 2-3 所示。

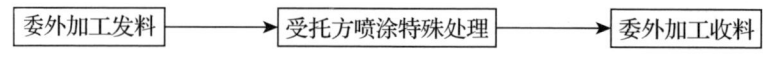

图 2-3　委托其他厂家的加工流程图

产品各工序的生产过程由全自动生产线进行，工人只对生产设备进行操作和监控，同时对各工序完工产品进行初检。由于产品单个体积小、数量多，对生产产品所需材料按投产数进行分配，原材料系一次领料。生产二部生产步骤及投料方式如图 2-4 所示。

考虑到该产品生产周期比较短，从主料开始投入到成品完成只需一次成型，中间间隔时间很短，且第二、第三道工序主要是辅料及包装物，可以不考虑分工序、分步骤地进行核算，因此所有材料（含辅料及包装物等）都可以看作在开工时进行一次性投料。

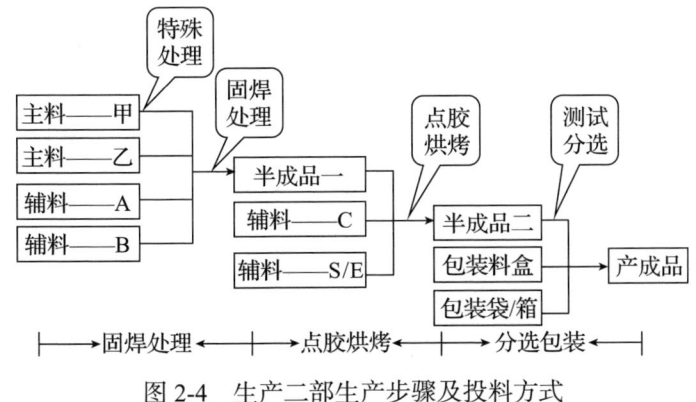

图 2-4 生产二部生产步骤及投料方式

2.3 大海公司产品成本核算制度

2.3.1 大海公司企业资源规划简介

大海公司的企业资源规则（ERP）系统，包含供应链、生产管理、成本管理、应收应付款项管理、固定资产管理、报表及其他辅助模块等，能够实现从采购、生产、销售到仓库供应链流程的系统化处理；完成物料需求计划、生产过程中的数据管理及指派生产任务等；同时提供各项业务报表查询及定制报表功能。通过 ERP 系统，可以及时、完整、准确地取得采购入库、销售出库、生产完工等相关数据，同时减少数据的重复输入工作，大大降低了数据处理工作量，提高了数据的准确性，给公司决策带来极大的便利。

2.3.2 大海公司生产相关流程介绍

在经营管理中，大海公司已完全通过 ERP 系统处理各个相关流程。所有生产经营单据均通过 ERP 系统来处理，包括在 ERP 系统中完成相关审批手续。所以，公司 ERP 系统中各业务流程与实际工作的流程完全一致。为更好地理解公司生产运营及所涉及单据的相关内容，下面对部分与生产相关的流程做简单介绍。

其中，销售订单评审流程如图 2-5 所示。

对于销售订单评审流程的说明如表 2-4 所示。

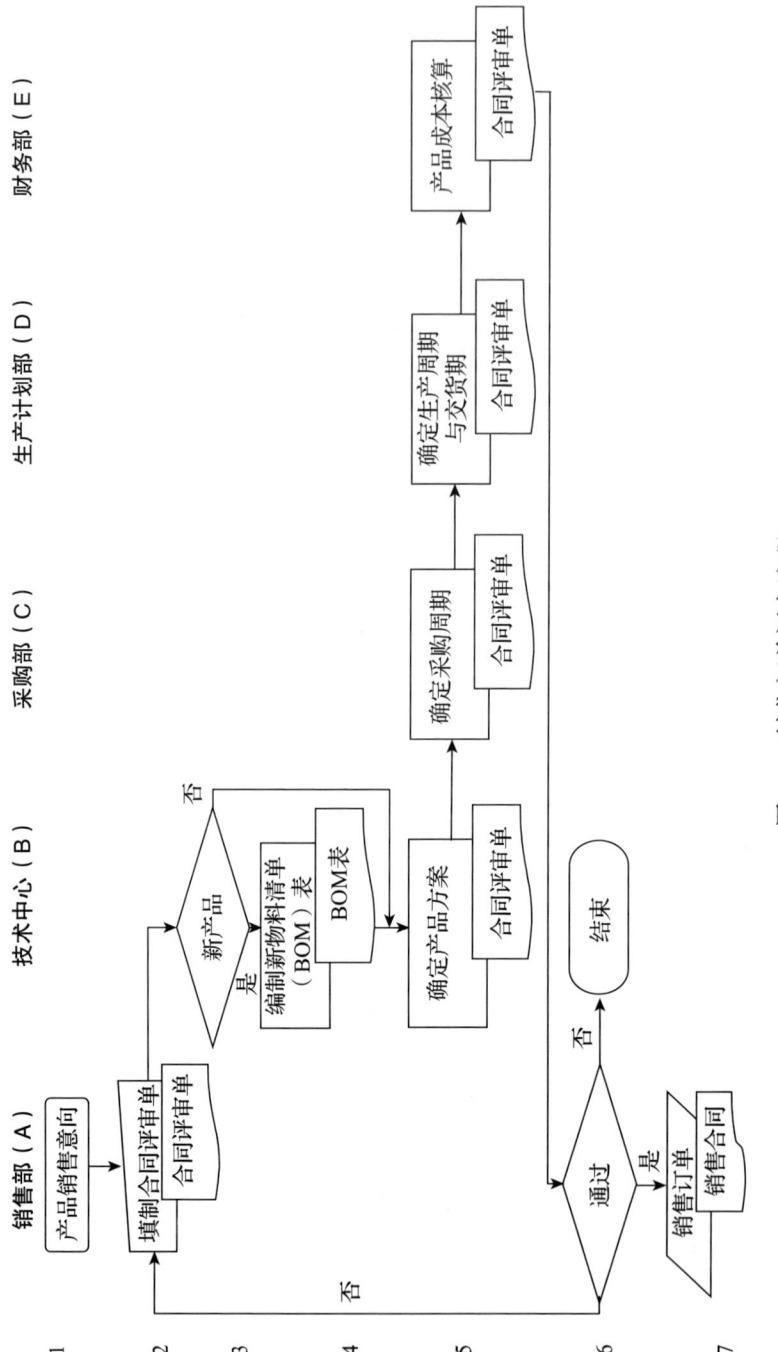

图 2-5 销售订单评审流程

表 2-4 销售订单评审流程说明

步骤	节点	任务名称	操作岗位	工作内容简要描述	输入内容	输出内容与相关表单
1	A1	获取客户产品需求意向	业务员	获取客户产品采购信息及需求	—	客户需求意向表
2	A2	填制合同评审单	业务助理	依据业务员提供的客户需求信息（产品名称、指标参数、价格、交货期需求等），填制合同评审单	客户需求意向表	合同评审单
3	B3	判断是否新产品	技术评审专员	根据合同评审单判断客户的需求是否为新产品（指技术参数不在当前常规产品范围内，但其他与当前常规产品一致，且无须实验验证）	合同评审单	判断、合同评审单
4	B4	若为新产品，编制新物料清单(BOM)表	技术BOM专员	根据技术中心流程，依据已审批工程变更通知书清单，编制或修订BOM表	合同评审单	BOM表
5	B5	确认产品技术方案	技术中心产品经理	根据技术中心技术评审员初步确认产品技术方案，技术中心产品经理审批	合同评审单	产品技术方案、合同评审单
6	C5	确认采购周期	采购部经理	确认产品所需物料的采购周期	合同评审单	采购周期、合同评审单
7	D5	确认生产周期、交货期	计划部经理	确认产品生产周期、交货期	合同评审单	生产周期、交货期、合同评审单
8	E5	核算产品成本	成本主管	按产品技术方案及最新材料价格，核算产品成本	合同评审单	产品成本、合同评审单
9	A6	确定是否通过	销售负责人	通过合同评审是否接单	产品方案、交货期、付款条件、价格、成本等	判断
10	A6	不通过	销售负责人	当合同评审没有通过时，放弃订单或重新评审	未通过评审	结束
11	A7	通过	销售负责人	当合同评审通过时，自动生成销售订单，并产生销售合同	通过评审	销售订单、销售合同

生产计划的制订流程如图 2-6 所示。

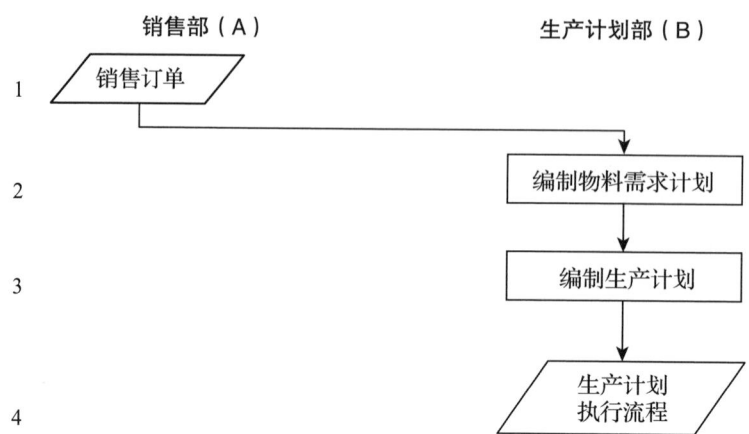

图 2-6　生产计划制订流程

对于生产计划制订流程的说明如表 2-5 所示。

表 2-5　生产计划制订流程说明

步骤	节点	任务名称	操作岗位	工作内容简要描述	输入内容	输出内容与相关表单
1	A1	已审批销售订单		接洽销售订单评审流程	—	主需求计划
2	B2	编制物料需求计划	生产计划员	根据主需求计划，结合库存资源编制物料需求计划（ERP系统会自动编制）	主需求计划	物料需求计划
3	B3	编制生产计划	生产计划员	根据订单要求及物料需求计划，下达合理的生产计划	物料需求计划	生产计划
4	B4	生产计划执行流程		此流程与生产计划执行流程接洽	生产计划	生产计划执行流程

生产计划执行及生产领料流程如图 2-7 所示。

对于生产计划执行及生产领料流程的说明如表 2-6 所示。

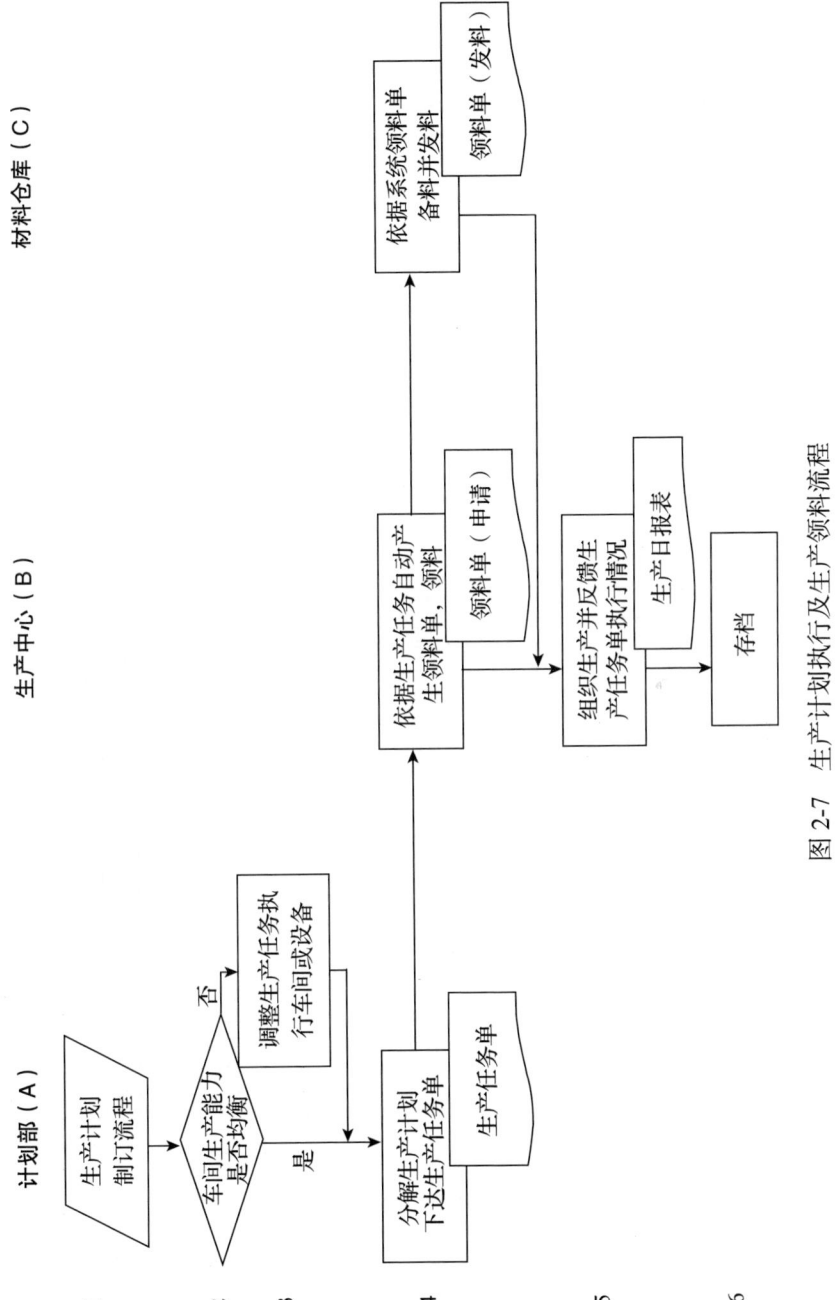

图 2-7 生产计划执行及生产领料流程

表 2-6 生产计划执行及生产领料流程说明

步骤	节点	任务名称	操作岗位	工作内容简要描述	输入内容	输出内容与相关表单
1	A1	生产计划制订流程		接给生产计划，制定流程	—	生产计划下达
2	A2	判断车间生产能力是否均衡	生产计划员	判断各车间生产能力是否均衡	生产计划下达	车间生产能力是否均衡判断
3	A3	调整生产任务执行车间或设备	生产计划员	当车间生产能力不均衡时，生产计划员调整生产任务执行车间或设备，使之达到均衡	车间生产能力不均衡	车间或设备调整
4	A4	分解生产计划，下达生产任务单	生产计划员	当车间生产能力均衡时，生产计划员将生产计划进行分解，下达生产任务单至各生产车间	车间生产能力均衡	生产任务单
5	B4	出具领料单	生产计划员	生产任务单下达后，生产计划员根据各车间生产任务及物料库存情况在系统中形成领料单	生产任务单	领料单
6	C4	仓库备料并发料	材料仓管	根据物料需求计划备料并根据领料单发料	领料单	备料发货、领料单
7	B5	将生产任务执行情况录入生产日报表并及时反馈	生产统计员、生产计划员	统计员将各车间生产任务完成情况录入生产日报表并及时反馈给生产计划员，生产计划员对总体生产情况进行跟踪控制	技术设备、生产组织	生产日报表
8	B6	存档	相关人员	系统将生产日报表存档	生产日报表	存档后的生产日报表

其他领料流程如图 2-8 所示。

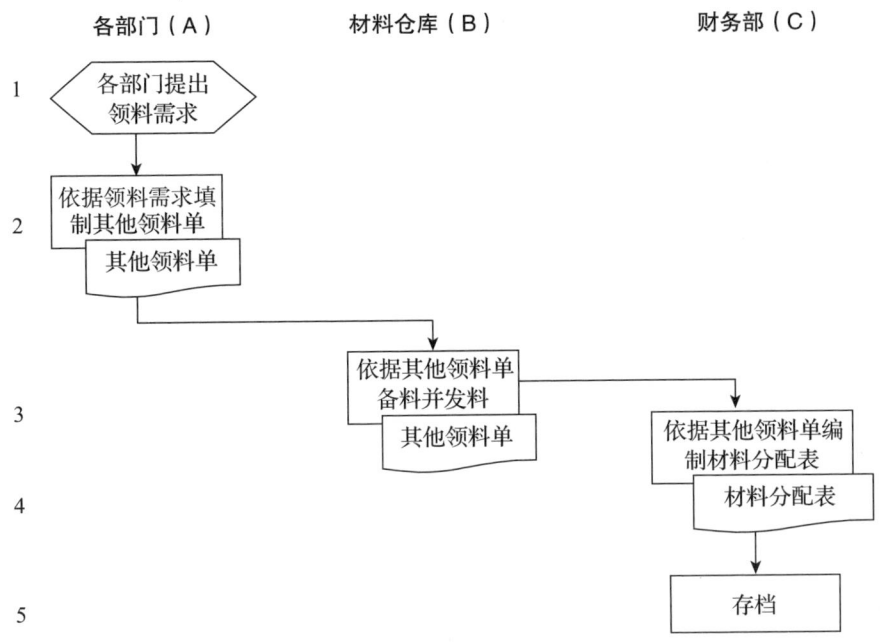

图 2-8　其他领料流程

关于其他领料流程的说明如表 2-7 所示。

表 2-7　其他领料流程说明

步骤	节点	任务名称	操作岗位	工作内容简要描述	输入内容	输出内容与相关表单
1	A1	提出领料需求	各部门	依据部门需求，提出领料需求	—	领料需求
2	A2	编制其他领料需求	各部门助理	依据部门需求，填制其他领料单	领料需求	领料需求、其他领料单
3	B3	仓库发料	仓管员	材料仓库管理员根据已审批其他领料单发料并填制其他领料单	其他领料单	领料、其他领料单
4	C4	核算材料成本	成本会计	依据其他领料单汇总与分配材料成本	其他领料单	材料成本分配、材料分配表
5	C5	存档	成本会计	将材料分配表存档	材料分配表	存档、材料分配表

生产退料流程如图 2-9 所示。

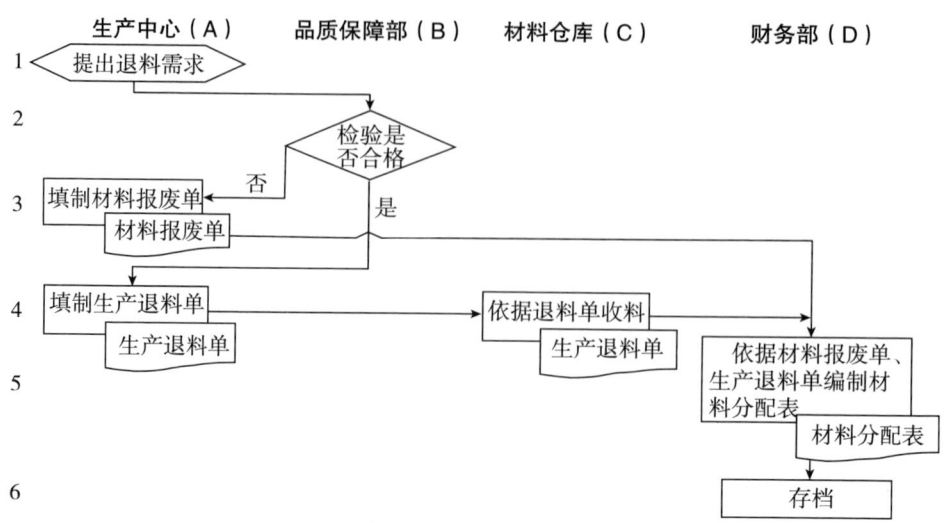

图 2-9 生产退料流程

对于生产退料流程的说明如表 2-8 所示。

表 2-8 生产退料流程说明

步骤	节点	任务名称	操作岗位	工作内容简要描述	输入内容	输出内容与相关表单
1	A1	提出退料需求	物料员	各车间物料员根据生产任务提出退料需求	—	退料需求
2	B2	检验是否合格	检验员	对待退料进行检验,判断是否合格	退料需求	判断
3	A3	报废	物料员	检验不合格时,物料员将材料申请报废	检验不合格	报废,材料报废单
4	A4	退回原料仓库	物料员	检验合格时,物料员填制生产退料单	检验合格	生产退料,生产退料单
5	C4	确认退料、入库	仓管员	依据已审批的生产退料单,确认收料并入库	生产退料	生产退料单
6	D5	核算材料成本	成本会计	依据材料报废单、生产退料单编制材料分配表	生产退料单、材料报废单	材料分配表
7	D6	存档	成本会计	将材料分配表存档	材料分配表	存档,材料分配表

成品入库流程如图 2-10 所示。

对于成品入库流程的说明如表 2-9 所示。

销售发货流程如图 2-11 所示。

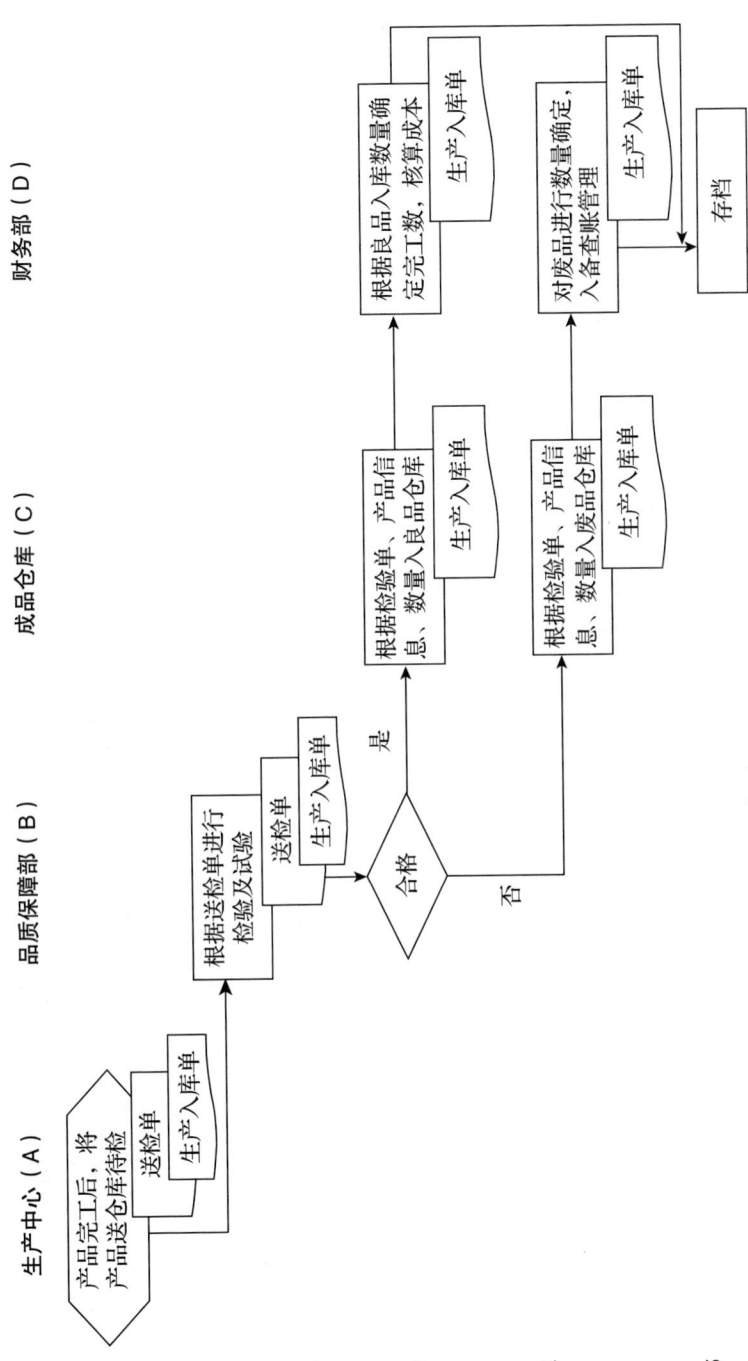

图2-10 成品入库流程

表 2-9 成品入库流程说明

步骤	节点	任务名称	操作岗位	工作内容要描述	输入内容	输出内容与相关表单
1	A1	将成品送到成品仓库待检区	生产统计员	当车间生产任务完成后，生产统计员凭生产任务单开具送检单，并将成品送到成品仓库待检区	—	放入待检区成品、送检单
2	B2	根据送检单进行成品检验及试验	检验员	根据送检单检验结果进行成品检验及试验	核对送检单	成品检验、试验、送检单
3	B3	检验是否合格	检验员	当检验结果判断成品是否合格	成品检验	检验结果、检验单
4	B3	出具合格信息检验单	检验员	当检验合格时，出具合格检验结果，将合格品生产入库单判定入良品仓库	检验合格	合格检验信息、生产入库单
5	C3	合格产品入成品良品仓库	仓管员	根据生产入库单及质保部检验信息，将判定为良品的产品入成品良品仓库	成品入库	生产入库单
6	D3	财务部核算入库良品数量	成本会计	根据生产入库单确认入库良品数量，核算生产任务单完工入库良品数量	良品数量	完工产品统计、生产入库单、生产统计表
7	B4	出具不合格信息检验单	检验员	当检验不合格时，检验员出具不合格检验结果，将不合格品判定转入废品仓库	检验不合格	不合格检验信息、生产入库单
8	C4	不合格产品入废品仓库	仓管员	根据生产入库单及质量保障部检验信息，将判定为不合格的产品入废品仓库	成品入库	生产入库单
9	D4	财务核算入库废品数量	成本会计	根据生产入库单确认废品数量，核算生产任务单、核算该完工情况	不合格品数量	完工产品统计、生产入库单、生产统计表
10	D5	核算完工数量并存档	成本会计	依据生产入库单统计完工产品数量	完工数量	完工统计、生产统计表

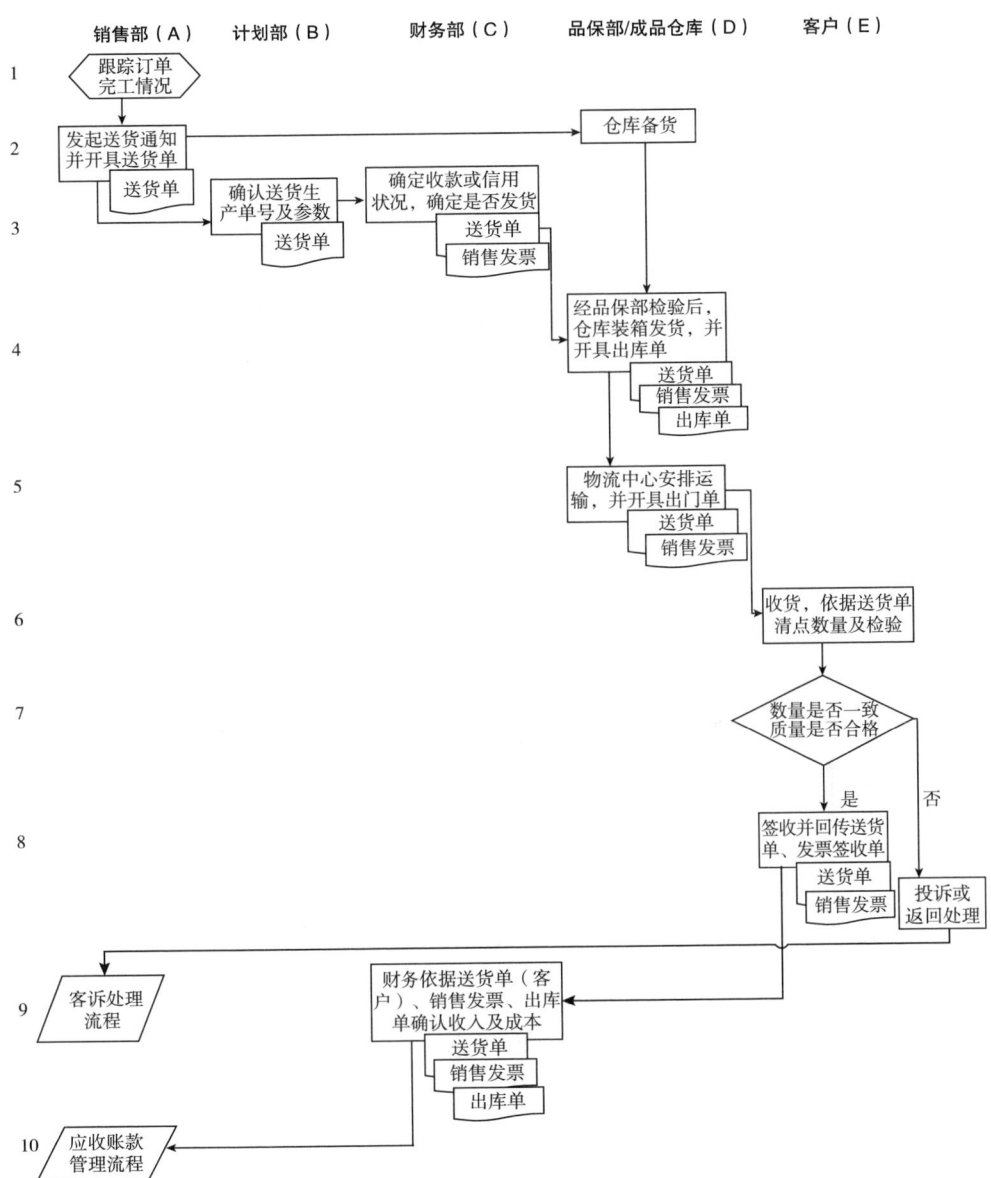

图 2-11 销售发货流程

对于销售发货流程的说明如表 2-10 所示。

表2-10 销售发货流程说明

步骤	节点	任务名称	操作岗位	工作内容简要描述	输入内容	输出内容	相关表单
1	A1	跟踪订单完成情况	跟单员	实时跟踪订单完成情况	—	订单完成情况	
2	A2	发起送货通知，开具送货单	跟单员	订单对应生产任务单完工后，跟单员发起送货通知，并开具送货单	销售订单、生产任务单	送货内容	送货通知、送货通知单
3	D2	备货	仓管员	仓管员接到系统发货通知及送货单，理货	发货通知	备货	
4	B3	确定具体所发货物	计划员	计划员根据发货通知及送货单完成情况，确认发货单号	销售订单、送货单	发货生产单号及参数	送货单
5	C3	确定货物是否放行	应收会计	应收会计依据销售合同、信用政策等，确定是否发货放行。同意发货则签署送货单并开具销售发票	销售合同、信用管理	同意发货	送货单、销售发票
6	D4	装箱发货	仓库管理员、检验员	接到已完成审批手续送货单后，仓库保管部检验后封箱检验同意装箱及装箱后出库	送货单	装箱及装箱清单	送货单、销售发票、出库单
7	D5	组织运输送货	物流中心	根据客户信息，已封箱物品安排运输送货，并开具出门单放行	送货单	运输	出门单、送货单
8	E6	客户收货并验点、检验	客户	客户收货并验收，检查货物实际数量与送货单是否一致，产品质量是否符合销售合同要求	客户验收	验收结果	
9	E7	判断	客户	客户判断货物实际数量与送货单是否一致，质量是否符合销售合同要求	收货数量、货物检验	判断结论	
10	E8	验收合格	客户	签收并回传送货单、发票签收单	送货单、发票签收单	签收并回传	送货单、发票签收单
11	C9	确认销售收入与销售成本	应收会计、成本会计	应收会计根据客户已回传已签收送货单、销售发票确定销售收入，成本会计依据出库单结转销售成本	送货单	收入、成本、应收账款	送货单、销售发票
12	A10	应收账款管理流程		此流程接洽应收账款管理流程			财务账簿
13	E8	验收不合格	客户	数量不符或质量不合格		反馈	
14	A9	客诉处理流程	客户	此流程接洽客户服务反诉求处理流程	反馈		

2.3.3 大海公司产品成本核算办法

公司制定有产品成本核算办法,其中与本书内容的具体操作相关的部分规定与方法列示如下。

1)生产的零部件、半成品在生产部门内部进行转移时,采用定额成本作为转移价格。

2)成本项目包括直接费用和制造费用。其中,直接费用包括直接人工、直接材料和燃料动力;制造费用包括生产组织管理人员的工资、福利费、固定资产折旧费和修理费、物料消耗、低值易耗品摊销、生产部门的水电费、办公费、差旅交通费及其他费用等。

3)生产成本明细账,按成本计算对象和成本项目核算生产部门发生的生产费用;制造费用明细账,按生产部门和明细项目核算,并按规定进行分配,月终不留余额。

4)产成品、自制半成品明细账,按成本计算对象和成本项目核算。

5)材料计价采用实际成本法。出库材料成本的计价,除单独为某项产品采购的材料采用个别计价法外,其余采用月末一次加权平均法计价。

6)几个项目共同负担的费用,如果是采用定额工时制的,根据工时定额分配计入生产成本;如果是采用计件工资制的,根据完工量分配计入生产成本;如果是采用实际工时制的,根据实际工时分配计入生产成本,即:

$$\text{费用分配率} = \frac{\text{相关的共同费用总额}}{\text{各项目或各产品定额工时总额(或完工数量总额、实际生产工时总额等)之和}}$$

$$\text{某产品应分配的相关费用} = \text{该产品定额工时(或完工数量、实际生产工时等)总额} \times \text{费用分配率}$$

7)期末未完工产品实际成本的确定采用约当产量法。为简化计算,若无说明,则采用50%作为综合折算率计算月末在产品的约当产量(由于原材料属于一次性投入,因而无须考虑其约当产量)。

8）自制件成本的计算采用定额成本法，不分摊间接费用；"燃料动力"和"制造费用"等月末全部计入产品生产成本，自制零件作为材料进行管理。各种自制零件及备件期末无在产品余额。

9）零部件生产采用分批法计算零部件成本，进而计算产品成本。同类产品可以采用分类法，按品种分类计算产品成本，再以分类标准系数计算各规格、型号产品成本。分类标准系数以该类产品标准配置的定额成本基数来确定。

2.3.4 大海公司产品成本核算科目设置

公司采用实际成本法核算产品成本，以产品批别为成本核算对象。为满足核算需要，结合公司产品及生产工艺特点，特设置以下科目。

（1）"生产成本——基本生产成本——××生产单位"科目

"生产成本——基本生产成本——××生产单位"科目按照成本对象的不同分别核算。通常下设"直接材料"和"生产工时"两栏，用来归集与分配成本对象所承担或耗用的直接材料成本和生产工时，故一般使用时记为："生产成本——基本生产成本——直接材料（××生产单位）"，该科目账户的借方登记成本对象进行生产活动时所产生的直接材料成本和生产工时；贷方登记完工入库而转出的完工产品的直接材料成本和生产工时；余额通常在借方，表示该生产单位（车间）期末在产品的直接材料成本和生产工时。

（2）"生产成本——基本生产成本——直接人工（××生产单位）"科目

"生产成本——基本生产成本——直接人工（××生产单位）"科目按照生产单位的不同分别核算，用来汇总归集本生产单位所产生或承担的直接人工成本。该账户的借方登记该生产单位进行生产活动时所产生的直接人工成本；贷方一般登记完工入库而转出的完工产品所承担的直接人工成本；余额通常在借方，表示该生产单位期末在产品的直接人工成本。

（3）"生产成本——基本生产成本——燃料动力（××生产单位）"科目

"生产成本——基本生产成本——燃料动力（××生产单位）"科目按照生

产单位的不同分别核算，用来汇总归集本生产单位所产生或承担的燃料动力成本。该账户的借方登记该生产单位进行生产活动所发生的燃料动力成本；贷方一般登记完工入库而转出的完工产品应分摊的燃料动力费用；余额通常在借方，表示该生产单位期末在产品分摊的燃料动力成本。

(4)"生产成本——基本生产成本——制造费用（××生产单位）"科目

"生产成本——基本生产成本——制造费用（××生产单位）"科目按照生产单位的不同分别核算，用来汇总归集本生产单位从"制造费用"科目转来的金额。该账户的借方登记该生产单位从"制造费用"科目转入的部分；贷方一般登记完工入库而转出的完工产品应分担的制造费用；余额通常在借方，表示该生产单位期末在产品所承担的制造费用。

(5)"生产成本——辅助生产成本——×辅助车间"科目

"生产成本——辅助生产成本——×辅助车间"科目按照辅助车间的不同分别核算。该账户的借方登记该辅助部门进行生产与劳务服务所发生的耗费；贷方登记完工入库的产品成本或分配转出的劳务服务成本；余额通常在借方，表示期末在产品的成本或尚未分配转出的劳务服务成本。

(6)"制造费用"科目

"制造费用"科目按照车间的不同分别核算，用于反映各生产车间或部门的间接开支以及从其他部门分配过来的费用，如车间设备的折旧费、车间非一线工人的工资薪酬、水电费、维修费等。该账户借方一般登记发生的该类费用；贷方登记分配转入"生产成本"各科目的费用；除特殊情况之外，通常当期发生的制造费用会全额转入"生产成本"，即期末"制造费用"账户结转之后一般无余额。

贴心提示

科目设置在手工账务处理与电算化账务处理条件下会有所不同。手工账务处理环境下，只能通过多级别账户设置来实现分对象、分部门、分内容核算。而电算化账务处理环境下，可以通过多级别科目设置来实现，也可以通过部门核实、项目核算、辅助核算来实现,甚至可以多条件分别进行。在手工账务处理环境下,如果账户设置级别过多,会导致科目大量增加,给核算带来很大不便。而在电算化账务处理下,则不会出现这个问题。本实训案例采用的是在电算化系统下的科目设置。若在手工账务处理环境下,则可相应简化。

2.3.5 大海公司产品成本核算流程

大海公司产品成本核算流程如图2-12所示。各流程具体说明如下。

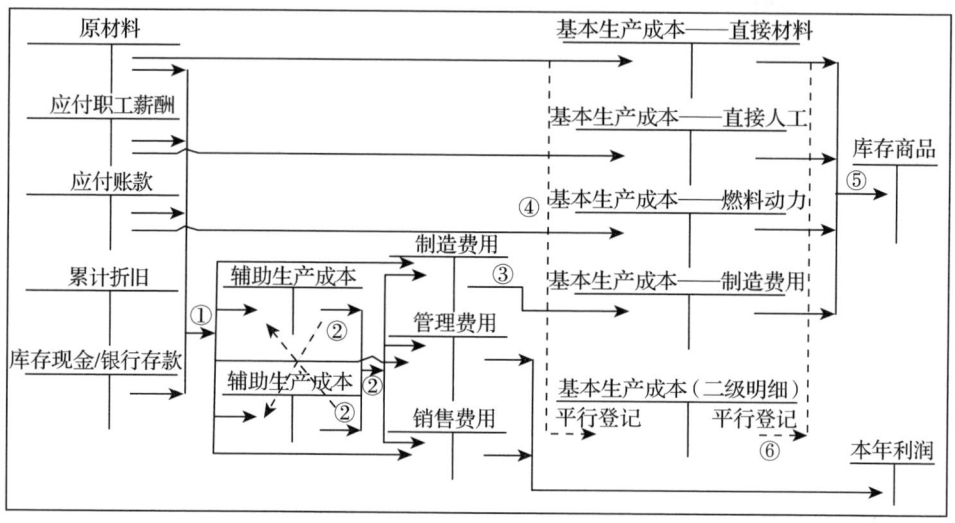

图2-12 大海公司产品成本核算流程

① 确认与分配各项耗费,包括原材料发出的核算与分配、职工工资薪酬的核算与分配、燃料动力的核算与分配、折旧的计提与分配以及其他费用的确认与分配等。其中,原材料中属于某生产单次(或批别)直接耗用的,直接记入"基本生产成本——直接材料(××生产单次)"账簿的借方。直接人工、燃料动力等属于某一特定生产单次的直接成本部分,也直接记入"基本生产成本——直接人工(××生产单次)"或"基本生产成本——燃料动力(××生产单次)"账簿的借方。另外,还需将各生产单次(或批别)所耗用的生产工时登记在"基本生产成本——××成本对象(××生产单次)"账簿的借方。

②期末，先归集辅助车间本期发生的全部成本，然后按照既定的分配方法将其分配到各个受益部门（如基本生产车间和行政部门等）。本书案例采用顺序分配法进行分配。

③期末，在按各生产单位分别归集本期全部制造费用后，再按照既定分配方法将其分配到各相应产品的"生产成本"中。由于本书案例采用简化的分批法进行核算，生产二部只生产一类产品，故生产二部的制造费用全部转入"基本生产成本——制造费用（生产二部）"账簿，并按简化的分批法进行结转。

④按照原始凭证或原始凭证汇总表在"基本生产成本（二级明细）"账簿中平行登记各生产单位耗费的直接材料、生产工时、直接人工、燃料动力与制造费用。同时在该生产单位"基本生产成本——直接材料""基本生产成本——直接人工""基本生产成本——燃料动力""基本生产成本——制造费用"等各账簿的本期借方发生额进行平行登记，一般按汇总数进行登记。

贴心提示

确认与分配原材料、职工薪酬、折旧等内容时，在ERP系统条件下，可以分别由进销存模块、存货核算模块、工资管理模块、固定资产模块等模块导入直接产生记账凭证。在系统的这些子模块中，只需要设置好相关分配对象、分配标准，就能自动完成分配。当然在实务中很多企业未把各模块数据与财务模块直接链接，在完成数据核算后再由财务人员手工编制记账凭证。在本模拟实训案例中，为了加深对成本核算各环节的理解，我们要求读者自己汇总原材料发出数量、单价、金额及职工薪酬、燃料动力、折旧等在各成本对象中的分摊工作。

⑤计算、分配并结转完工产品的直接人工、燃料动力、制造费用。

⑥在"基本生产成本（二级明细）"账簿中平行登记各生产单位结转完工产品所承担的直接材料成本、生产工时、直接人工成本、燃料动力成本与制造费用。

2.4 大海公司成本核算的初始数据及经济业务汇总

2.4.1 大海公司成本核算初始数据

（1）20××年10月公司总分类账及有关明细分类账户期末余额（见表2-11）

表2-11　20××年10月31日相关账户期末余额

（金额单位：元）

科目代码	科目名称	借/贷	期末余额	账页格式	备注
1001	现金	借	19 657.31	三栏式	
1002	银行存款	借	4 115 584.73	三栏式	
1121	应收票据	借	300 000.00	三栏式	
1122	应收账款	借	8 531 756.29	三栏式	
1123	预付账款	借	1 975 250.90	三栏式	
1221	其他应收款	借	1 334 960.00	三栏式	
1231	坏账准备	平	0	三栏式	
1401	材料采购	平	0	三栏式	
1403	原材料	借	3 080 390.16	数量金额式	详见明细表
1405	库存商品	借	11 432 771.80	数量金额式	详见明细表
1406	发出商品	平	0	数量金额式	
1408	委托加工物资	平	0	三栏式	
1411	周转材料	借	129 448.50	三栏式	
141101	包装物	借	39 816.00	数量金额式	详见明细表
141102	低值易耗品	借	89 632.50	数量金额式	详见明细表
1471	存货跌价准备	平	0	三栏式	
1501	持有至到期投资	平	0	三栏式	
1502	持有至到期投资减值准备	平	0	三栏式	
1601	固定资产	借	10 827 762.50	三栏式	
1602	累计折旧	贷	2 437 973.53	三栏式	
1603	固定资产减值准备	平	0	三栏式	
1701	无形资产	平	0	三栏式	
1702	累计摊销	平	0	三栏式	
1801	长期待摊费用	平	0	三栏式	

(续)

科目代码	科目名称	借/贷	期末余额	账页格式	备注
2001	短期借款	贷	2 000 000.00	三栏式	
2101	交易性金融负债	平	0	三栏式	
2201	应付票据	贷	2 070 000.00	三栏式	
2202	应付账款	贷	6 139 190.59	三栏式	
2203	预收账款	贷	1 500 000.00	三栏式	
2211	应付职工薪酬	贷	116 080.40	三栏式	
2221	应交税费	贷	306 996.17	三栏式	
2231	应付利息	贷	22 200.00	三栏式	
2232	应付股利	平	0	三栏式	
2241	其他应付款	贷	617 800.00	三栏式	
2501	长期借款	平	0	三栏式	
2701	长期应付款	平	0	三栏式	
4001	实收资本	贷	15 000 000.00	三栏式	
4002	资本公积	贷	508 396.90	三栏式	
4101	盈余公积	贷	3 445 900.20	三栏式	
4103	本年利润	贷	487 208.90	三栏式	
4104	利润分配	贷	7 258 090.00	三栏式	
5001	生产成本	借	162 254.50	多栏式	
500101	直接材料	借	148 624.50	三栏式	
500102	直接人工	借	3 580.00	三栏式	
500103	燃料动力	借	1 060.00	三栏式	
500104	制造费用	借	8 990.00	三栏式	
5101	制造费用	平	0	多栏式	
510101	材料	平	0	三栏式	
510102	工资福利费	平	0	三栏式	
510103	折旧费	平	0	三栏式	
510104	修理费	平	0	三栏式	
510105	水电费	平	0	三栏式	
510106	低值易耗品	平	0	三栏式	
510109	其他	平	0	三栏式	

(2)公司存货类科目的相关明细数据(见表2-12～表2-17)

表 2-12 原材料期初汇总表[一]

20××年11月1日 （金额单位：元）

序号	物料编码	物料名称	规格	单位	数量	单价	金额	仓库	备注
1	X-B001	B类发光片		PCS	26 700	0.45	12 015.00		
2	X-B002	B类发光片		PCS	200 550	0.46	92 253.00		
3	X-B003	B类发光片		PCS	897	0.41	367.77		
4	X-B004	B类发光片		PCS	280	0.40	112.00		
5	X-B005	B类发光片		PCS	100	0.36	36.00		
6	X-B006	B类发光片		PCS	148 580	0.21	31 201.80		
7	X-B009	B类发光片		PCS	165	0.23	37.95		
8	X-G001	G类发光片		PCS	131 500	0.21	27 615.00		
9	X-G002	G类发光片		PCS	33 830	0.38	12 855.40		
10	X-G003	G类发光片		PCS	20 387	0.30	6 116.10		
11	X-G004	G类发光片		PCS	34 780	0.47	16 346.60		
12	X-R001	R类发光片		PCS	102 800	0.08	8 224.00		
13	X-R002	R类发光片		PCS	62 930	0.07	4 405.10		
14	X-R003	R类发光片		PCS	131 120	0.23	30 157.60		
15	X-R004	R类发光片		PCS	1 660	0.21	348.60		
16	X-R005	R类发光片		PCS	90 501	0.24	21 720.24		
17	A-001	辅料A		g	4 200	73.00	306 600.00		
18	A-002	辅料A		g	2 730	39.60	108 108.00		
19	S-001	辅料S		g	2 000	17.85	35 700.00		
20	S-002	辅料S		g	2 000	17.90	35 800.00		
21	E-001	辅料E		g	41 200	0.37	15 244.00		
22	E-002	辅料E		g	40 000	0.35	14 000.00		
23	S-003	辅料S		g	22 000	14.00	308 000.00		
24	S-004	辅料S		g	20 000	14.50	290 000.00		
25	B-001	辅料B		m	69 500	7.20	500 400.00		
26	B-002	辅料B		m	73 868	9.10	672 198.80		
27	B-003	辅料B		m	30 000	7.00	210 000.00		
28	Y-CSW001	2030外壳		PCS	576	0.20	115.20		

[一] 本书案例大海公司有三个生产部门，本实训资料只针对其中的生产二部，故所有数据仅指与二车间相关的数据，其他车间所涉数据未全部列入，下同。故此个别表格之间的数据可能不完全对应。特此说明。

（续）

序号	物料编码	物料名称	规格	单位	数量	单价	金额	仓库	备注
29	Y-ATF001	2835 外壳		PCS	216 580	0.15	32 487.00		
30	Y-ASW001	2835 外壳		PCS	48 550	0.10	4 855.00		
31	Y-BTW001	5050 外壳		PCS	90 950	0.30	27 285.00		
32	Y-BTF001	5050 外壳		PCS	130 770	0.50	65 385.00		
33	C-001	辅料 C		g	300	48.00	14 400.00		
34	C-002	辅料 C		g	100	500.00	50 000.00		
35	C-003	辅料 C		g	500	252.00	126 000.00		
材料合计							3 080 390.16		

表 2-13 低值易耗品期初汇总表

20×× 年 11 月 1 日　　　　　　（金额单位：元）

序号	材料代码	材料名称	规格型号	单位	数量	单价	金额	仓库	备注
1	O-001	机物料一		PCS	11 000	2.10	23 100.00		
2	O-002	机物料二		PCS	500	2.30	1 150.00		
3	O-003	机物料三		PCS	3 500	2.20	7 700.00		
4	O-004	配件一		PCS	273	60.50	16 516.50		
5	O-005	配件二		PCS	453	58.00	26 274.00		
6	O-006	配件三		PCS	255	58.40	14 892.00		
低值易耗品合计							89 632.50		

表 2-14 包装物期初汇总表

20×× 年 11 月 1 日　　　　　　（金额单位：元）

序号	材料代码	材料名称	规格型号	单位	数量	单价	金额	仓库	备注
1	Z-001	包装袋一		PCS	17 960	0.15	2 694.00		
2	Z-002	包装袋二		PCS	17 230	0.20	3 446.00		
3	Z-003	包装箱一		PCS	265	5.60	1 484.00		
4	Z-004	不干胶标签		PCS	60	0.70	42.00		
5	Z-005	包装盒带		m	24 000	0.60	14 400.00		
6	Z-006	包装盒带		m	35 500	0.50	17 750.00		
包装物合计							39 816.00		

表 2-15　库存商品期初汇总表

20××年11月1日　　　　（金额单位：元）

序号	成品型号	生产单号	数量	月初单价	月初金额	仓库
1	S-AT**FE1	S0925044	48 360	13.21	638 835.60	
2		S0928048	47 500	13.05	619 875.00	
3		S1012008	97 090	13.12	1 273 820.80	
4		S1016011	61 090	13.22	807 609.80	
5		S1029025	16 410	12.92	212 017.20	
6	S-BT**FE1	S0922039	23 190	19.05	441 769.50	
7		S1008005	22 610	19.16	433 207.60	
8		S1015010	48 830	18.89	922 398.70	
9		S1022018	24 070	19.13	460 459.10	
10		S1025020	17 230	18.99	327 197.70	
11	S-AS**WS2	S1008002	2 300	43.52	100 096.00	
12		S1017012	20 860	43.28	902 820.80	
13		S1021016	10 920	43.76	477 859.20	
14		S1021017	20 860	43.8	913 668.00	
15	S-BT**WS2	S0926045	20 930	59.1	1 236 963.00	
16		S1021015	15 000	58.98	884 700.00	
17		S1027022	10 310	59.06	608 908.60	
18	S-CS**WS2	S0930452	1 940	25.66	49 780.40	
19		S1012009	4 720	25.59	120 784.80	
		合计			11 432 771.80	

表 2-16　在产品明细汇总表

生产部门：生产二部　　　　20××年11月1日　　　　（金额单位：元）

| 序号 | 生产单号 | 产品代码 | 在产品数量 | 在产品成本 | | 备注 |
				直接材料	工时	
1	S1026021	S-AT**FE1	3 700	29 045.20	977	
2	S1027023		1 670	13 229.00	250	
3	S1029025		1 760	14 181.20	263	
4	S1022018	S-BT**FE1	2 532	24 538.60	1 220	
5	S1030026		1 360	13 613.40	370	
6	S1021015	S-BT**WS2	415	19 226.10	510	

(续)

序号	生产单号	产品代码	在产品数量	在产品成本		备注
				直接材料	工时	
7	S1028024	S-BT**WS2	350	16 251.80	260	
8	S1021016	S-AS**WS2	268	8 402.60	170	
9	S1021017		330	10 136.60	224	
	合计			148 624.50	4 244	

表2-17 生产成本二级明细账

生产部门：生产二部　　　　20××年11月1日　　　　（金额单位：元）

摘要	直接材料	工时	直接人工	燃料动力	制造费用	合计
月初在产品	148 624.50	4 244	3 580.00	1 060.00	8 990.00	162 254.50

（3）公司部分产品的物料清单及成本标准（见表2-18～表2-22）

表2-18 大海股份有限公司物料清单——BOM1

半成品/成品编号：S-AS**WS2　　ECN编号：　　　　版　本：
辅助说明：　　　　　　　　　　　　　　　　　　　文件编号：
　　　　　　　　　　　　　　　　　　　　　　　　发行日期：

序号	组件	名称	规格型号	数量	单位	标准单价（元）	金额（元）	备注
1	X-B001	发光片	B类001	1	PCS	0.42	0.42	可用B类其他型号替换
2	Y-ASW001	外壳	2835SW	1	PCS	0.10	0.10	
3	A-001	辅料A	001A	0.06	g	73.00	4.38	
4	B-001	辅料B	001B	0.21	m	7.00	1.47	
5	S-001	辅料S	001S	0.15	g	17.60	2.64	
6	S-002	辅料S	002S	0.08	g	17.50	1.40	
7	C-001	辅料C	001C	0.05	g	47.00	2.35	
8	C-002	辅料C	002C	0.06	g	500.00	30.00	
	合计						42.76	

表 2-19　大海股份有限公司物料清单——BOM2

半成品/成品编号：S-CS**WS2　　ECN 编号：　　　　版　　本：
辅助说明：　　　　　　　　　　　　　　　　　　　　文件编号：
　　　　　　　　　　　　　　　　　　　　　　　　　发行日期：

序号	组件	名称	规格型号	数量	单位	标准单价（元）	金额（元）	备注
1	X-B003	发光片	B 类 003	1	PCS	0.40	0.40	可用 B 类其他型号替换
2	Y-CSW001	外壳	2030SW	1	PCS	0.15	0.15	
3	A-001	辅料 A	001A	0.10	g	73.00	7.30	
4	B-001	辅料 B	001B	0.30	m	7.00	2.10	
5	S-001	辅料 S	001S	0.15	g	17.60	2.64	
6	S-002	辅料 S	002S	0.30	g	17.50	5.25	
7	C-001	辅料 C	001C	0.05	g	47.00	2.35	
8	C-002	辅料 C	002C	0.01	g	500.00	5.00	
	合计						25.19	

表 2-20　大海股份有限公司物料清单——BOM3

半成品/成品编号：S-BT**WS2　　ECN 编号：　　　　版　　本：
辅助说明：　　　　　　　　　　　　　　　　　　　　文件编号：
　　　　　　　　　　　　　　　　　　　　　　　　　发行日期：

序号	组件	名称	规格型号	数量	单位	标准单价（元）	金额（元）	备注
1	X-B005	发光片	B 类 005	3	PCS	0.30	0.90	可用 B 类其他型号替换
2	Y-BTW001	外壳	5050TW	1	PCS	0.30	0.30	
3	A-001	辅料 A	001A	0.20	g	73.00	14.60	
4	B-002	辅料 B	002B	0.12	m	9.00	1.08	
5	S-001	辅料 S	001S	0.20	g	17.60	3.52	
6	S-002	辅料 S	002S	0.28	g	17.50	4.90	
7	C-001	辅料 C	001C	0.05	g	47.00	2.35	
8	C-002	辅料 C	002C	0.06	g	500.00	30.00	
	合计						57.65	

表 2-21　大海股份有限公司物料清单——BOM4

半成品/成品编号：S-BT**FE1　　ECN 编号：　　　　版　本：
辅助说明：　　　　　　　　　　　　　　　　　　文件编号：
　　　　　　　　　　　　　　　　　　　　　　　发行日期：

序号	组件	名称	规格型号	数量	单位	标准单价（元）	金额（元）	备注
1	X-R001	发光片	R 类 001	1	PCS	0.08	0.08	可用同类其他型号替换
2	X-G001	发光片	G 类 001	1	PCS	0.20	0.20	
3	X-B006	发光片	B 类 006	1	PCS	0.21	0.21	
4	Y-BTF001	外壳	5050TF	1	PCS	0.46	0.46	
5	A-001	辅料 A	001A	0.06	g	73.00	4.38	
6	A-002	辅料 A	002A	0.20	g	39.00	7.80	
7	B-003	辅料 B	003B	0.60	m	7.20	4.32	
8	E-001	辅料 E	001E	0.50	g	0.40	0.20	
9	E-002	辅料 E	002E	0.52	g	0.35	0.182①	
	合计						17.832	

① 本书案例数据大多保留两位小数，个别金额较小，保留三位小数。余表同。

表 2-22　大海股份有限公司物料清单——BOM5

半成品/成品编号：S-AT**FE1　　ECN 编号：　　　　版　本：
辅助说明：　　　　　　　　　　　　　　　　　　文件编号：
　　　　　　　　　　　　　　　　　　　　　　　发行日期：

序号	组件	名称	规格型号	数量	单位	标准单价（元）	金额（元）	备注
1	X-R002	发光片	R 类 002	1	PCS	0.07	0.07	可用同类其他型号替换
2	X-G003	发光片	G 类 003	1	PCS	0.30	0.30	
3	X-B009	发光片	B 类 009	1	PCS	0.20	0.20	
4	Y-ATF001	外壳	2835TF	1	PCS	0.15	0.15	
5	A-002	辅料 A	002A	0.20	g	39.00	7.80	
6	B-002	辅料 B	002B	0.40	m	9.00	3.60	
7	E-001	辅料 E	001E	0.22	g	0.40	0.088	
8	E-002	辅料 E	002E	0.30	g	0.35	0.105	
	合计						12.313	

> **贴心提示**

物料清单（BOM）一般不列示单价与金额，此处为方便后文阐述，实际加入单价与金额。另外，在物料清单编制中，不同主材的物料清单一般会通过不同的物料清单来实现。但也有当性能、价格等主要属性一致时，不需要进行产品区分的情况，此时用替换物料（即在物料清单中区别主选物料与替换物料，在下生产任务单时由计划选择）形式实现。本书选用此种设置方式，一是为了少列示同类的 BOM 表，避免重复；二是出于选用分批法的需要，以便体现不同批次之间的成本差异性。

（4）公司部分产品标准工时（见表 2-23）

表 2-23 部分产品标准工时表

成品编号	产品名称	标准工时	备注
S-AS**WS2	2835 白光	0.16	
S-AT**FE1	2835 全彩	0.305	
S-BT**FE1	5050 全彩	0.50	
S-BT**WS2	5050 白光	0.22	
S-CS**WS2	2030 白光	0.10	

2.4.2 大海公司产品成本核算业务资料

1. 本期购入原材料、低值易耗品、包装物汇总表

公司计划部根据销售接单及成品安全库存情况，安排本期产品的生产计划，并在考虑现有原材料安全库存量的基础上，计算发出材料采购申请。采购部依据已经审批生效的采购申请单，按既定采购程序向供应商采购原材料、低值易耗品、包装物等备品备件。待供应商的材料、低值易耗品、包装物等备品备件到货后，经品保部检验合格的，填写入库申请单准予入库，由仓库办理入库手续并填写材料入库单。财务人员则依据材料入库单、发票等相关原始凭证进行账务处理。期末财务人员再依据材料明细账，编制原材料进销存汇总表，并与仓库原材料进销存明细表进行核对。材料进销存汇总表反映了材料的期初结存、本期收到入库、本期发出及期末结存情况，以数量金额式反映（仓库进销存明

细表一般只反映数量）。进销存报表上的本期入库数量一般包含以前期间采购而在本期收到的货物、本期采购并在本期收到的货物以及本期发生的退货等材料合计，本教程为简化不需要的计算，所列进销存汇总表上的本期入库数量仅包含本期采购且已经验收入库的货物，如表 2-24～表 2-26 所示。

表 2-24　原材料进销存汇总表（本期购入）

所属年月：20××年 11 月　　　（金额单位：元）

序号	物料编码	物料名称	单位	本期采购入库			备注说明
				购入数量	平均单价	购入金额	
1	X-B001	B 类发光片	PCS	128 450	0.48	61 656.00	
2	X-B003	B 类发光片	PCS	196 305	0.40	78 522.00	
3	X-B004	B 类发光片	PCS	120	0.38	45.60	
4	X-B005	B 类发光片	PCS	514 650	0.36	185 274.00	
5	X-B006	B 类发光片	PCS	105 000	0.20	21 000.00	
6	X-B009	B 类发光片	PCS	223 856	0.25	55 964.00	
7	X-G001	G 类发光片	PCS	86 200	0.26	22 412.00	
8	X-G003	G 类发光片	PCS	215 000	0.31	66 650.00	
9	X-G005	G 类发光片	PCS	150	0.30	45.00	
10	X-R001	R 类发光片	PCS	158 000	0.10	15 800.00	
11	X-R002	R 类发光片	PCS	101 500	0.08	8 120.00	
12	A-001	辅料 A	g	73 000	72.40	5 285 200.00	
13	A-002	辅料 A	g	68 000	40.10	2 726 800.00	
14	S-001	辅料 S	g	90 000	18.20	1 638 000.00	
15	S-002	辅料 S	g	128 000	18.08	2 314 240.00	
16	E-001	辅料 E	g	96 000	0.41	39 360.00	
17	E-002	辅料 E	g	102 000	0.38	38 760.00	
18	B-001	辅料 B	m	48 000	7.00	336 000.00	
19	B-002	辅料 B	m	66 000	9.15	603 900.00	
20	B-003	辅料 B	m	50 000	7.60	380 000.00	
21	Y-CSW001	2030 外壳	PCS	218 000	0.18	39 240.00	
22	Y-ATF001	2835 外壳	PCS	188 000	0.16	30 080.00	
23	Y-ASW001	2835 外壳	PCS	115 000	0.08	9 200.00	
24	Y-BTW001	5050 外壳	PCS	176 000	0.32	56 320.00	
25	Y-BTF001	5050 外壳	PCS	41 800	0.52	21 736.00	
26	C-001	辅料 C	g	28 000	46.95	1 314 600.00	

(续)

序号	物料编码	物料名称	单位	本期采购入库			备注说明
				购入数量	平均单价	购入金额	
27	C-002	辅料C	g	20700	510.00	10 557 000.00	
	合计					25 905 924.60	

注：本期采购入库原材料并非一次性购入，而是多批次循环购入，以大幅度减少资金占用。本教程为简化计算，将购入批次汇总，购入单价指同类物料的加权平均价格。下面低值易耗品及包装物采购也类同。

表 2-25　低值易耗品采购汇总表

所属年月：20××年11月　　　（金额单位：元）

序号	物料编码	物料名称	单位	本期采购入库			备注说明
				购入数量	平均单价	购入金额	
1	O-004	配件一	PCS	50	62.00	3 100.00	
2	O-006	配件三	PCS	40	58.50	2 340.00	
	合计			90		5 440.00	

表 2-26　包装物采购汇总表

所属年月：20××年11月　　　（金额单位：元）

序号	物料编码	物料名称	单位	本期采购入库			备注说明
				购入数量	平均单价	购入金额	
1	Z-003	包装箱一	PCS	150	6.00	900.00	
2	Z-004	不干胶标签	PCS	1 300	0.80	1 040.00	
	合计			1 450		1 940.00	

贴心提示

原材料发出价格的确定有先进先出法、月末一次加权平均法、移动加权平均法及个别计价法等。实务中，无论是ERP系统还是手工账务条件下，普遍选择月末一次加权平均法。在月末一次加权平均法下，原材料发出价格=（期初金额+本期入库金额）÷（期初数量+本期入库数量）。以上汇总表提供了本期入库数量和入库金额合计，结合期初结存数据，即可计算出本期原材料的发出单价。

2. 生产任务单

公司生产计划部依据本期客户订单，安排生产任务。生产计划部编制生产任务单，经相关管理人员审批后，由生产车间安排生产。20××年11月，公司生产二部的生产任务单如表 2-27～表 2-52 所示。

表 2-27　生产任务单

生产单号：S1101001　　　制单日期：20××-11-01　　　生产部门：生产二部

序号	产品编码	产品名称	投产数量	开工日期	完工日期	备注
1	S-AT**FE1	2835 全彩	35 550	20××-11-01	20××-11-10	

合同要求：

其他要求：按物料清单生产。①

制单：　　　　　　　　　审核：　　　　　　　　　审批：

① 按物料清单生产，即该任务单按标准物料清单生产，无须用替换物料。通常，在 ERP 系统中，若生产计划部要用替换物料生产该产品，有两种途径选择。一是通过技术部门确认可替换后，由物料清单专员编制新的物料清单，然后选择新 BOM 进行生产。二是由物料清单专员在原 BOM 中增加替换物料来实现，本实训案例选择二，后文中"按物料清单生产，分别用……替换……"即为此意。另外，一般在 ERP 系统中，生产任务单批注生效后，会自动依据所选择的物料清单产生生产领料申请单（或生产领料单）。

表 2-28　生产任务单

生产单号：S1101002　　　制单日期：20××-11-01　　　生产部门：生产二部

序号	产品编码	产品名称	投产数量	开工日期	完工日期	备注
1	S-AT**FE1	2835 全彩	27 420	20××-11-01	20××-11-10	1

合同要求：

其他要求：按物料清单生产。

制单：　　　　　　　　　审核：　　　　　　　　　审批：

表 2-29 生产任务单

生产单号：S1101003　　　　制单日期：20××-11-01　　　生产部门：生产二部

序号	产品编码	产品名称	投产数量	开工日期	完工日期	备注
1	S-AS**WS2	2835 白光	12 480	20××-11-01	20××-11-10	

合同要求：
其他要求：按物料清单生产。

制单：　　　　　　　　　　　审核：　　　　　　　　　　　审批：

表 2-30 生产任务单

生产单号：S1102004　　　　制单日期：20××-11-02　　　生产部门：生产二部

序号	产品编码	产品名称	投产数量	开工日期	完工日期	备注
1	S-AS**WS2	2835 白光	8 330	20××-11-02	20××-11-11	1

合同要求：
其他要求：按物料清单生产，用 X-B003 替换 X-B001。

制单：　　　　　　　　　　　审核：　　　　　　　　　　　审批：

表 2-31 生产任务单

生产单号：S1103005　　　　制单日期：20××-11-03　　　生产部门：生产二部

序号	产品编码	产品名称	投产数量	开工日期	完工日期	备注
1	S-AS**WS2	2835 白光	49 300	20××-11-03	20××-11-11	

合同要求：
其他要求：按物料清单生产。

制单：　　　　　　　　　　　审核：　　　　　　　　　　　审批：

表 2-32　生产任务单

生产单号：S1104006　　　　制单日期：20××-11-04　　　生产部门：生产二部

序号	产品编码	产品名称	投产数量	开工日期	完工日期	备注
1	S-AT**FE1	2835 全彩	24 860	20××-11-04	20××-11-13	

合同要求：

其他要求：按物料清单生产，分别用 X-R001、X-B006 替换 X-R002、X-B009。

制单：　　　　　　　　　　　审核：　　　　　　　　　　　审批：

表 2-33　生产任务单

生产单号：S1104007　　　　制单日期：20××-11-04　　　生产部门：生产二部

序号	产品编码	产品名称	投产数量	开工日期	完工日期	备注
1	S-BT**FE1	5050 全彩	82 100	20××-11-04	20××-11-13	

合同要求：

其他要求：按物料清单生产。

制单：　　　　　　　　　　　审核：　　　　　　　　　　　审批：

表 2-34　生产任务单

生产单号：S1104008　　　　制单日期：20××-11-04　　　生产部门：生产二部

序号	产品编码	产品名称	投产数量	开工日期	完工日期	备注
1	S-CS**WS2	2030 白光	25 000	20××-11-04	20××-11-13	

合同要求：

其他要求：按物料清单生产。

制单：　　　　　　　　　　　审核：　　　　　　　　　　　审批：

表 2-35　生产任务单

生产单号：S1107009　　　　制单日期：20××-11-07　　　生产部门：生产二部

序号	产品编码	产品名称	投产数量	开工日期	完工日期	备注
1	S-BT**WS2	5050 白光	45 000	20××-11-07	20××-11-15	

合同要求：

其他要求：按物料清单生产。

制单：　　　　　　　　　　　审核：　　　　　　　　　　　审批：

表 2-36　生产任务单

生产单号：S1107010　　　　制单日期：20××-11-07　　　生产部门：生产二部

序号	产品编码	产品名称	投产数量	开工日期	完工日期	备注
1	S-BT**FE1	5050 全彩	42 300	20××-11-07	20××-11-15	

合同要求：

其他要求：按物料清单生产。

制单：　　　　　　　　　　　审核：　　　　　　　　　　　审批：

表 2-37　生产任务单

生产单号：S1109011　　　　制单日期：20××-11-09　　　生产部门：生产二部

序号	产品编码	产品名称	投产数量	开工日期	完工日期	备注
1	S-CS**WS2	2030 白光	25 280	20××-11-09	20××-11-18	

合同要求：

其他要求：按物料清单生产，用 X-B001 替换 X-B003。

制单：　　　　　　　　　　　审核：　　　　　　　　　　　审批：

表2-38　生产任务单

生产单号：S1110012　　　　制单日期：20××-11-10　　　生产部门：生产二部

序号	产品编码	产品名称	投产数量	开工日期	完工日期	备注
1	S-CS**WS2	2030 白光	30 000	20××-11-10	20××-11-19	

合同要求：

其他要求：按物料清单生产。

制单：　　　　　　　　　　审核：　　　　　　　　　　审批：

表2-39　生产任务单

生产单号：S1111013　　　　制单日期：20××-11-11　　　生产部门：生产二部

序号	产品编码	产品名称	投产数量	开工日期	完工日期	备注
1	S-CS**WS2	2030 白光	18 200	20××-11-11	20××-11-20	

合同要求：

其他要求：按物料清单生产，用 X-B005 替换 X-B003。

制单：　　　　　　　　　　审核：　　　　　　　　　　审批：

表2-40　生产任务单

生产单号：S1111014　　　　制单日期：20××-11-11　　　生产部门：生产二部

序号	产品编码	产品名称	投产数量	开工日期	完工日期	备注
1	S-CS**WS2	2030 白光	31 200	20××-11-11	20××-11-20	

合同要求：

其他要求：按物料清单生产。

制单：　　　　　　　　　　审核：　　　　　　　　　　审批：

表 2-41　生产任务单

生产单号：S1114015　　　　制单日期：20××-11-14　　　生产部门：生产二部

序号	产品编码	产品名称	投产数量	开工日期	完工日期	备注
1	S-BT**WS2	5050 白光	21 540	20××-11-14	20××-11-23	

合同要求：

其他要求：按物料清单生产。

制单：　　　　　　　　　　　审核：　　　　　　　　　　　审批：

表 2-42　生产任务单

生产单号：S1114016　　　　制单日期：20××-11-14　　　生产部门：生产二部

序号	产品编码	产品名称	投产数量	开工日期	完工日期	备注
1	S-AT**FE1	2835 全彩	42 600	20××-11-14	20××-11-23	1

合同要求：

其他要求：按物料清单生产。

制单：　　　　　　　　　　　审核：　　　　　　　　　　　审批：

表 2-43　生产任务单

生产单号：S1115017　　　　制单日期：20××-11-15　　　生产部门：生产二部

序号	产品编码	产品名称	投产数量	开工日期	完工日期	备注
1	S-AT**FE1	2835 全彩	60 000	20××-11-15	20××-11-24	

合同要求：

其他要求：按物料清单生产，分别用 X-R001、X-B006 替换 X-R002、X-B009。

制单：　　　　　　　　　　　审核：　　　　　　　　　　　审批：

表 2-44　生产任务单

生产单号：S1116018　　　　制单日期：20××-11-16　　　生产部门：生产二部

序号	产品编码	产品名称	投产数量	开工日期	完工日期	备注
1	S-AT**FE1	2835 全彩	30 000	20××-11-16	20××-11-25	

合同要求：

其他要求：按物料清单生产。

制单：　　　　　　　　　　　　审核：　　　　　　　　　　　　审批：

表 2-45　生产任务单

生产单号：S1116019　　　　制单日期：20××-11-16　　　生产部门：生产二部

序号	产品编码	产品名称	投产数量	开工日期	完工日期	备注
1	S-CS**WS2	2030 白光	13 000	20××-11-16	20××-11-25	

合同要求：

其他要求：按物料清单生产。

制单：　　　　　　　　　　　　审核：　　　　　　　　　　　　审批：

表 2-46　生产任务单

生产单号：S1118020　　　　制单日期：20××-11-18　　　生产部门：生产二部

序号	产品编码	产品名称	投产数量	开工日期	完工日期	备注
1	S-AS**WS2	2835 白光	24 000	20××-11-18	20××-11-30	

合同要求：

其他要求：按物料清单生产。

制单：　　　　　　　　　　　　审核：　　　　　　　　　　　　审批：

表 2-47　生产任务单

生产单号：S1120021　　　　制单日期：20××-11-20　　生产部门：生产二部

序号	产品编码	产品名称	投产数量	开工日期	完工日期	备注
1	S-BT**WS2	5050 白光	31 240	20××-11-20	20××-11-30	

合同要求：

其他要求：按物料清单生产。

制单：　　　　　　　　　　　审核：　　　　　　　　　　　审批：

表 2-48　生产任务单

生产单号：S1121022　　　　制单日期：20××-11-21　　生产部门：生产二部

序号	产品编码	产品名称	投产数量	开工日期	完工日期	备注
1	S-BT**WS2	5050 白光	29 100	20××-11-21	20××-11-30	

合同要求：

其他要求：按物料清单生产，用 X-B009 替换 X-B005。

制单：　　　　　　　　　　　审核：　　　　　　　　　　　审批：

表 2-49　生产任务单

生产单号：S1124023　　　　制单日期：20××-11-24　　生产部门：生产二部

序号	产品编码	产品名称	投产数量	开工日期	完工日期	备注
1	S-BT**WS2	5050 白光	38 420	20××-11-24	20××-12-02	

合同要求：

其他要求：按物料清单生产。

制单：　　　　　　　　　　　审核：　　　　　　　　　　　审批：

表 2-50 生产任务单

生产单号：S1125024   制单日期：20××-11-25   生产部门：生产二部

序号	产品编码	产品名称	投产数量	开工日期	完工日期	备注
1	S-BT**WS2	5050 白光	27 640	20××-11-25	20××-12-02	

合同要求：

其他要求：按物料清单生产。

制单：   审核：   审批：

表 2-51 生产任务单

生产单号：S1128025   制单日期：20××-11-28   生产部门：生产二部

序号	产品编码	产品名称	投产数量	开工日期	完工日期	备注
1	S-CS**WS2	2030 白光	74 840	20××-11-28	20××-12-05	

合同要求：

其他要求：按物料清单生产。

制单：   审核：   审批：

表 2-52 生产任务单

生产单号：S1130026   制单日期：20××-11-30   生产部门：生产二部

序号	产品编码	产品名称	投产数量	开工日期	完工日期	备注
1	S-AS**WS2	2835 白光	21 550	20××-11-30	20××-12-05	

合同要求：

其他要求：按物料清单生产。

制单：   审核：   审批：

📁 **贴心提示**

生产任务单是企业生产循环的第一个环节，是生产任务的开始。在该任务单所列示的所有产品（包含良品与不良品）生产完工入库、将剩余原材料退回或报废处理之后，本次生产任务即告结束，该生产任务单完结。在 ERP 系统中，生产任务单还会动态跟踪生产任务的进展状况及最后的结束日期。财务部门在核实成本过程中，可以根据生产任务单来统计生产部门投产产品的类别及投产数量等，并判断生产任务单的完结情况；同时结合每一生产单的领料情况、产品入库情况、其他耗用统计等资料来计算各批产品的生产成本。

3. 本月生产领料、退料情况

生产部门依据生产任务单，填制生产领料申请单。申请单中的领料种类及数量，按物料清单中核定的单位生产消耗、生产任务数量及一定的合理损耗率来确定（在 ERP 系统条件下，系统会依据物料清单用量、生产数量及预设的损耗数自动产生生产领料申请单）。仓库部门根据经授权人员审核好的生产领料申请单发料，根据实际发料品种、数量填制生产领料单和出库单。

若订单完成或生产任务取消、减少，或材料消耗率降低，则会发生退料情形。在生产单完结前，生产部门需对生产单涉及的领用材料、耗用材料、报废材料、成品入库数量等数据进行复核查实。复核后有剩余材料的，生产部门需填写生产退料单，将剩余材料退回仓库。仓库在收到材料后确认入库。做完上述复核清理工作，确认无误后，方可进行生产任务单的结案。

大海公司生产二部当年 11 月生产领料单如表 2-53 ～ 表 2-78 所示，生产退料单如表 2-79 ～ 表 2-83 所示。

📁 **贴心提示**

生产领料申请单，是一种向仓库部门申领材料的凭证。内容包含物料编码、物料名称、规格型号、数量、领料部门等信息。仓库部门依据经审批的领料申请单发料，并填制生产领料单或出库单。也有些单位将生产领料申请单与生产领料单合并，其中的一列由申领部门填写申领数量，另一列由仓库部门填写实发数量。在 ERP 系统中，通常会将生产领料与其他领料分开，生产领料单与生产任务单关联，只能由生产任务单自动产生生产领料单，以此来加强生产领料管控。其他非生产领料则通过其他领料单完成，只需要经有关部门审批即可。另外，当某一生产单由于特殊原因导致实际耗用率高于预设损耗率时，可以通过更为严格审批的生产补料单来管控。

（1）本月生产领料单

表 2-53　生产领料单

生产单号：S1101001　　　　投产数量：35 550　　　　生产部门：生产二部
产品编码：S-AT**FE1　　　　领料日期：20××-11-01　　领料单号：MR××01

序号	物料编码	物料名称	规格型号	申领数量	单位	实发数量	备注
1	X-R002	发光片	R 类 002	35 550	PCS	35 550	
2	X-G003	发光片	G 类 003	35 550	PCS	35 550	
3	X-B009	发光片	B 类 009	35 550	PCS	35 550	
4	Y-ATF001	外壳	2835TF	35 550	PCS	35 550	
5	A-002	辅料 A	002A	7 110	g	7 110	
6	B-002	辅料 B	002B	14 220	m	14 220	
7	E-001	辅料 E	001E	7 821	g	7 821	
8	E-002	辅料 E	002E	10 665	g	10 665	

制单：　　　　　　　　　　审批：　　　　　　　　　　仓库：

表 2-54　生产领料单

生产单号：S1101002　　　　投产数量：27 420　　　　生产部门：生产二部
产品编码：S-AT**FE1　　　　领料日期：20××-11-01　　领料单号：MR××02

序号	物料编码	物料名称	规格型号	申领数量	单位	实发数量	备注
1	X-R002	发光片	R 类 002	27 420	PCS	27 420	
2	X-G003	发光片	G 类 003	27 420	PCS	27 420	
3	X-B009	发光片	B 类 009	27 420	PCS	27 420	
4	Y-ATF001	外壳	2835TF	27 420	PCS	27 420	
5	A-002	辅料 A	002A	5 484	g	5 484	
6	B-002	辅料 B	002B	10 968	m	10 968	
7	E-001	辅料 E	001E	6 032.40	g	6 033	
8	E-002	辅料 E	002E	8 226	g	8 226	

制单：　　　　　　　　　　审批：　　　　　　　　　　仓库：

表 2-55　生产领料单

生产单号：S1101003　　　　投产数量：12 480　　　　生产部门：生产二部
产品编码：S-AS**WS2　　　　领料日期：20××-11-01　　领料单号：MR××03

序号	物料编码	物料名称	规格型号	申领数量	单位	实发数量	备注
1	X-B001	发光片	B 类 001	12 480	PCS	12 480	
2	Y-ASW001	外壳	2835SW	12 480	PCS	12 480	
3	A-001	辅料 A	001A	748.80	g	749	
4	B-001	辅料 B	001B	2 620.80	m	2 621	
5	S-001	辅料 S	001S	1 872	g	1 872	
6	S-002	辅料 S	002S	998.40	g	999	
7	C-001	辅料 C	001C	624	g	624	
8	C-002	辅料 C	002C	748.80	g	749	

制单：　　　　　　　　　　审批：　　　　　　　　　　仓库：

表 2-56　生产领料单

生产单号：S1102004　　　　投产数量：8 330　　　　生产部门：生产二部
产品编码：S-AS**WS2　　　　领料日期：20××-11-02　　领料单号：MR××04

序号	物料编码	物料名称	规格型号	申领数量	单位	实发数量	备注
1	X-B003	发光片	B 类 003	8 330	PCS	8 330	
2	Y-ASW001	外壳	2835SW	8 330	PCS	8 330	
3	A-001	辅料 A	001A	499.80	g	500	
4	B-001	辅料 B	001B	1 749.30	m	1 750	
5	S-001	辅料 S	001S	1 249.50	g	1 250	
6	S-002	辅料 S	002S	666.40	g	667	
7	C-001	辅料 C	001C	416.50	g	417	
8	C-002	辅料 C	002C	499.80	g	500	

制单：　　　　　　　　　　审批：　　　　　　　　　　仓库：

表 2-57　生产领料单

生产单号：S1103005　　　　投产数量：49 300　　　　生产部门：生产二部
产品编码：S-AS**WS2　　　领料日期：20××-11-03　　领料单号：MR××05

序号	物料编码	物料名称	规格型号	申领数量	单位	实发数量	备注
1	X-B001	发光片	B类001	49 300	PCS	49 300	
2	Y-ASW001	外壳	2835SW	49 300	PCS	49 300	
3	A-001	辅料A	001A	2 958	g	2 958	
4	B-001	辅料B	001B	10 353	m	10 353	
5	S-001	辅料S	001S	7 395	g	7 395	
6	S-002	辅料S	002S	3 944	g	3 944	
7	C-001	辅料C	001C	2 465	g	2 465	
8	C-002	辅料C	002C	2 958	g	2 958	

制单：　　　　　　　　　审批：　　　　　　　　　仓库：

表 2-58　生产领料单

生产单号：S1104006　　　　投产数量：24 860　　　　生产部门：生产二部
产品编码：S-AT**FE1　　　领料日期：20××-11-04　　领料单号：MR××06

序号	物料编码	物料名称	规格型号	申领数量	单位	实发数量	备注
1	X-R001	发光片	R类001	24 860	PCS	24 860	
2	X-G003	发光片	G类003	24 860	PCS	24 860	
3	X-B006	发光片	B类006	24 860	PCS	24 860	
4	Y-ATF001	外壳	2835TF	24 860	PCS	24 860	
5	A-002	辅料A	002A	4 972	g	4 972	
6	B-002	辅料B	002B	9 944	m	9 944	
7	E-001	辅料E	001E	5 469.20	g	5 470	
8	E-002	辅料E	002E	7 458	g	7 458	

制单：　　　　　　　　　审批：　　　　　　　　　仓库：

表 2-59 生产领料单

生产单号：S1104007　　　　投产数量：82 100　　　　生产部门：生产二部
产品编码：S-BT**FE1　　　　领料日期：20××-11-04　　领料单号：MR××07

序号	物料编码	物料名称	规格型号	申领数量	单位	实发数量	备注
1	X-R001	发光片	R 类 001	82 100	PCS	82 100	
2	X-G001	发光片	G 类 001	82 100	PCS	82 100	
3	X-B006	发光片	B 类 006	82 100	PCS	82 100	
4	Y-BTF001	外壳	5050TF	82 100	PCS	82 100	
5	A-001	辅料 A	001A	4 926	g	4 926	
6	A-002	辅料 A	002A	16 420	g	16 420	
7	B-003	辅料 B	003B	49 260	m	49 260	
8	E-001	辅料 E	001E	41 050	g	41 050	
9	E-002	辅料 E	002E	42 692	g	42 692	

制单：　　　　　　　　　　　审批：　　　　　　　　　　　仓库：

表 2-60 生产领料单

生产单号：S1104008　　　　投产数量：25 000　　　　生产部门：生产二部
产品编码：S-CS**WS2　　　　领料日期：20××-11-04　　领料单号：MR××08

序号	物料编码	物料名称	规格型号	申领数量	单位	实发数量	备注
1	X-B003	发光片	B 类 003	25 000	PCS	25 000	
2	Y-CSW001	外壳	2030SW	25 000	PCS	25 000	
3	A-001	辅料 A	001A	2 500	g	2 500	
4	B-001	辅料 B	001B	7 500	m	7 500	
5	S-001	辅料 S	001S	3 750	g	3 750	
6	S-002	辅料 S	002S	7 500	g	7 500	
7	C-001	辅料 C	001C	1 250	g	1 250	
8	C-002	辅料 C	002C	250	g	250	

制单：　　　　　　　　　　　审批：　　　　　　　　　　　仓库：

表 2-61　生产领料单

生产单号：S1107009　　　投产数量：45 000　　　生产部门：生产二部
产品编码：S-BT**WS2　　　领料日期：20××-11-07　　领料单号：MR××09

序号	物料编码	物料名称	规格型号	申领数量	单位	实发数量	备注
1	X-B005	发光片	B 类 005	135 000	PCS	135 000	
2	Y-BTW001	外壳	5050TW	45 000	PCS	45 000	
3	A-001	辅料 A	001A	9 000	g	9 000	
4	B-002	辅料 B	002B	5 400	m	5 400	
5	S-001	辅料 S	001S	9 000	g	9 000	
6	S-002	辅料 S	002S	12 600	g	12 600	
7	C-001	辅料 C	001C	2 250	g	2 250	
8	C-002	辅料 C	002C	2 700	g	2 700	

制单：　　　　　　　　　审批：　　　　　　　　　仓库：

表 2-62　生产领料单

生产单号：S1107010　　　投产数量：42 300　　　生产部门：生产二部
产品编码：S-BT**FE1　　　领料日期：20××-11-07　　领料单号：MR××10

序号	物料编码	物料名称	规格型号	申领数量	单位	实发数量	备注
1	X-R001	发光片	R 类 001	42 300	PCS	42 300	
2	X-G001	发光片	G 类 001	42 300	PCS	42 300	
3	X-B006	发光片	B 类 006	42 300	PCS	42 300	
4	Y-BTF001	外壳	5050TF	42 300	PCS	42 300	
5	A-001	辅料 A	001A	2 538	g	2 538	
6	A-002	辅料 A	002A	8 460	g	8 460	
7	B-003	辅料 B	003B	25 380	m	25 380	
8	E-001	辅料 E	001E	21 150	g	21 150	
9	E-002	辅料 E	002E	21 996	g	21 996	

制单：　　　　　　　　　审批：　　　　　　　　　仓库：

表2-63　生产领料单

生产单号：S1109011　　　　投产数量：25 280　　　　生产部门：生产二部
产品编码：S-CS**WS2　　　领料日期：20××-11-09　　领料单号：MR××11

序号	物料编码	物料名称	规格型号	申领数量	单位	实发数量	备注
1	X-B001	发光片	B类001	25 280	PCS	25 280	
2	Y-CSW001	外壳	2030SW	25 280	PCS	25 280	
3	A-001	辅料A	001A	2 528	g	2 528	
4	B-001	辅料B	001B	7 584	m	7 584	
5	S-001	辅料S	001S	3 792	g	3 792	
6	S-002	辅料S	002S	7 584	g	7 584	
7	C-001	辅料C	001C	1 264	g	1 264	
8	C-002	辅料C	002C	252.80	g	253	

制单：　　　　　　　　　　审批：　　　　　　　　　　仓库：

表2-64　生产领料单

生产单号：S1110012　　　　投产数量：30 000　　　　生产部门：生产二部
产品编码：S-CS**WS2　　　领料日期：20××-11-10　　领料单号：MR××12

序号	物料编码	物料名称	规格型号	申领数量	单位	实发数量	备注
1	X-B003	发光片	B类003	30 000	PCS	30 000	
2	Y-CSW001	外壳	2030SW	30 000	PCS	30 000	
3	A-001	辅料A	001A	3 000	g	3 000	
4	B-001	辅料B	001B	9 000	m	9 000	
5	S-001	辅料S	001S	4 500	g	4 500	
6	S-002	辅料S	002S	9 000	g	9 000	
7	C-001	辅料C	001C	1 500	g	1 500	
8	C-002	辅料C	002C	300	g	300	

制单：　　　　　　　　　　审批：　　　　　　　　　　仓库：

表 2-65　生产领料单

生产单号：S1111013　　　　投产数量：18 200　　　　生产部门：生产二部
产品编码：S-CS**WS2　　　领料日期：20××-11-11　　领料单号：MR××13

序号	物料编码	物料名称	规格型号	申领数量	单位	实发数量	备注
1	X-B005	发光片	B 类 005	18 200	PCS	18 200	
2	Y-CSW001	外壳	2030SW	18 200	PCS	18 200	
3	A-001	辅料 A	001A	1 820	g	1 820	
4	B-001	辅料 B	001B	5 460	m	5 460	
5	S-001	辅料 S	001S	2 730	g	2 730	
6	S-002	辅料 S	002S	5 460	g	5 460	
7	C-001	辅料 C	001C	910	g	910	
8	C-002	辅料 C	002C	182	g	182	

制单：　　　　　　　　　　审批：　　　　　　　　　　仓库：

表 2-66　生产领料单

生产单号：S1111014　　　　投产数量：31 200　　　　生产部门：生产二部
产品编码：S-CS**WS2　　　领料日期：20××-11-11　　领料单号：MR××14

序号	物料编码	物料名称	规格型号	申领数量	单位	实发数量	备注
1	X-B003	发光片	B 类 003	31 200	PCS	31 200	
2	Y-CSW001	外壳	2030SW	31 200	PCS	31 200	
3	A-001	辅料 A	001A	3 120	g	3 120	
4	B-001	辅料 B	001B	9 360	m	9 360	
5	S-001	辅料 S	001S	4 680	g	4 680	
6	S-002	辅料 S	002S	9 360	g	9 360	
7	C-001	辅料 C	001C	1 560	g	1 560	
8	C-002	辅料 C	002C	312	g	312	

制单：　　　　　　　　　　审批：　　　　　　　　　　仓库：

表 2-67　生产领料单

生产单号：S1114015　　　投产数量：21 540　　　生产部门：生产二部
产品编码：S-BT**WS2　　　领料日期：20××-11-14　　领料单号：MR××15

序号	物料编码	物料名称	规格型号	申领数量	单位	实发数量	备注
1	X-B005	发光片	B 类 005	64 620	PCS	64 620	
2	Y-BTW001	外壳	5050TW	21 540	PCS	21 540	
3	A-001	辅料 A	001A	4 308	g	4 308	
4	B-002	辅料 B	002B	2 584.80	m	2 585	
5	S-001	辅料 S	001S	4 308	g	4 308	
6	S-002	辅料 S	002S	6 031.20	g	6 032	
7	C-001	辅料 C	001C	1 077	g	1 077	
8	C-002	辅料 C	002C	1 292.40	g	1 293	

制单：　　　　　　　　　　　审批：　　　　　　　　　　　仓库：

表 2-68　生产领料单

生产单号：S1114016　　　投产数量：42 600　　　生产部门：生产二部
产品编码：S-AT**FE1　　　领料日期：20××-11-14　　领料单号：MR××16

序号	物料编码	物料名称	规格型号	申领数量	单位	实发数量	备注
1	X-R002	发光片	R 类 002	42 600	PCS	42 600	
2	X-G003	发光片	G 类 003	42 600	PCS	42 600	
3	X-B009	发光片	B 类 009	42 600	PCS	42 600	
4	Y-ATF001	外壳	2835TF	42 600	PCS	42 600	
5	A-002	辅料 A	002A	8 520	g	8 520	
6	B-002	辅料 B	002B	17 040	m	17 040	
7	E-001	辅料 E	001E	9 372	g	9 372	
8	E-002	辅料 E	002E	12 780	g	12 780	

制单：　　　　　　　　　　　审批：　　　　　　　　　　　仓库：

表 2-69 生产领料单

生产单号：S1115017　　投产数量：60 000　　生产部门：生产二部
产品编码：S-AT**FE1　　领料日期：20××-11-15　　领料单号：MR××17

序号	物料编码	物料名称	规格型号	申领数量	单位	实发数量	备注
1	X-R001	发光片	R类001	60 000	PCS	60 000	
2	X-G003	发光片	G类003	60 000	PCS	60 000	
3	X-B006	发光片	B类006	60 000	PCS	60 000	
4	Y-ATF001	外壳	2835TF	60 000	PCS	60 000	
5	A-002	辅料A	002A	12 000	g	12 000	
6	B-002	辅料B	002B	24 000	m	24 000	
7	E-001	辅料E	001E	13 200	g	13 200	
8	E-002	辅料E	002E	18 000	g	18 000	

制单：　　　　　　　　审批：　　　　　　　　仓库：

表 2-70 生产领料单

生产单号：S1116018　　投产数量：30 000　　生产部门：生产二部
产品编码：S-AT**FE1　　领料日期：20××-11-16　　领料单号：MR××18

序号	物料编码	物料名称	规格型号	申领数量	单位	实发数量	备注
1	X-R002	发光片	R类002	30 000	PCS	30 000	
2	X-G003	发光片	G类003	30 000	PCS	30 000	
3	X-B009	发光片	B类009	30 000	PCS	30 000	
4	Y-ATF001	外壳	2835TF	30 000	PCS	30 000	
5	A-002	辅料A	002A	6 000	g	6 000	
6	B-002	辅料B	002B	12 000	m	12 000	
7	E-001	辅料E	001E	6 600	g	6 600	
8	E-002	辅料E	002E	9 000	g	9 000	

制单：　　　　　　　　审批：　　　　　　　　仓库：

表 2-71　生产领料单

生产单号：S1116019　　　投产数量：13 000　　　生产部门：生产二部
产品编码：S-CS**WS2　　领料日期：20××-11-16　　领料单号：MR××19

序号	物料编码	物料名称	规格型号	申领数量	单位	实发数量	备注
1	X-B003	发光片	B类003	13 000	PCS	13 000	
2	Y-CSW001	外壳	2030SW	13 000	PCS	13 000	
3	A-001	辅料A	001A	1 300	g	1 300	
4	B-001	辅料B	001B	3 900	m	3 900	
5	S-001	辅料S	001S	1 950	g	1 950	
6	S-002	辅料S	002S	3 900	g	3 900	
7	C-001	辅料C	001C	650	g	650	
8	C-002	辅料C	002C	130	g	130	

制单：　　　　　　　审批：　　　　　　　仓库：

表 2-72　生产领料单

生产单号：S1118020　　　投产数量：24 000　　　生产部门：生产二部
产品编码：S-AS**WS2　　领料日期：20××-11-18　　领料单号：MR××20

序号	物料编码	物料名称	规格型号	申领数量	单位	实发数量	备注
1	X-B001	发光片	B类001	24 000	PCS	24 000	
2	Y-ASW001	外壳	2835SW	24 000	PCS	24 000	
3	A-001	辅料A	001A	1 440	g	1 440	
4	B-001	辅料B	001B	5 040	m	5 040	
5	S-001	辅料S	001S	3 600	g	3 600	
6	S-002	辅料S	002S	1 920	g	1 920	
7	C-001	辅料C	001C	1 200	g	1 200	
8	C-002	辅料C	002C	1 440	g	1 440	

制单：　　　　　　　审批：　　　　　　　仓库：

表 2-73 生产领料单

生产单号：S1120021　　　　投产数量：31 240　　　　生产部门：生产二部
产品编码：S-BT**WS2　　　领料日期：20××-11-20　　领料单号：MR××21

序号	物料编码	物料名称	规格型号	申领数量	单位	实发数量	备注
1	X-B005	发光片	B 类 005	93 720	PCS	93 720	
2	Y-BTW001	外壳	5050TW	31 240	PCS	31 240	
3	A-001	辅料 A	001A	6 248	g	6 248	
4	B-002	辅料 B	002B	3 748.80	m	3 749	
5	S-001	辅料 S	001S	6 248	g	6 248	
6	S-002	辅料 S	002S	8 747.20	g	8 748	
7	C-001	辅料 C	001C	1 562	g	1 562	
8	C-002	辅料 C	002C	1 874.40	g	1 875	

制单：　　　　　　　　　　审批：　　　　　　　　　　仓库：

表 2-74 生产领料单

生产单号：S1121022　　　　投产数量：29 100　　　　生产部门：生产二部
产品编码：S-BT**WS2　　　领料日期：20××-11-21　　领料单号：MR××22

序号	物料编码	物料名称	规格型号	申领数量	单位	实发数量	备注
1	X-B009	发光片	B 类 009	87 300	PCS	87 300	
2	Y-BTW001	外壳	5050TW	29 100	PCS	29 100	
3	A-001	辅料 A	001A	5 820	g	5 820	
4	B-002	辅料 B	002B	3 492	m	3 492	
5	S-001	辅料 S	001S	5 820	g	5 820	
6	S-002	辅料 S	002S	8 148	g	8 148	
7	C-001	辅料 C	001C	1 455	g	1 455	
8	C-002	辅料 C	002C	1 746	g	1 746	

制单：　　　　　　　　　　审批：　　　　　　　　　　仓库：

表 2-75 生产领料单

生产单号：S1124023　　　　投产数量：38 420　　　　生产部门：生产二部
产品编码：S-BT**WS2　　　　领料日期：20××-11-24　　领料单号：MR××23

序号	物料编码	物料名称	规格型号	申领数量	单位	实发数量	备注
1	X-B005	发光片	B 类 005	115 260	PCS	115 260	
2	Y-BTW001	外壳	5050TW	38 420	PCS	38 420	
3	A-001	辅料 A	001A	7 684	g	7 684	
4	B-002	辅料 B	002B	4 610.40	m	4 611	
5	S-001	辅料 S	001S	7 684	g	7 684	
6	S-002	辅料 S	002S	10 757.60	g	10 758	
7	C-001	辅料 C	001C	1 921	g	1 921	
8	C-002	辅料 C	002C	2 305.20	g	2 306	

制单：　　　　　　　　　　审批：　　　　　　　　　　仓库：

表 2-76 生产领料单

生产单号：S1125024　　　　投产数量：27 640　　　　生产部门：生产二部
产品编码：S-BT**WS2　　　　领料日期：20××-11-25　　领料单号：MR××24

序号	物料编码	物料名称	规格型号	申领数量	单位	实发数量	备注
1	X-B005	发光片	B 类 005	82 920	PCS	82 920	
2	Y-BTW001	外壳	5050TW	27 640	PCS	27 640	
3	A-001	辅料 A	001A	5 528	g	5 528	
4	B-002	辅料 B	002B	3 316.80	m	3 317	
5	S-001	辅料 S	001S	5 528	g	5 528	
6	S-002	辅料 S	002S	7 739.20	g	7 740	
7	C-001	辅料 C	001C	1 382	g	1 382	
8	C-002	辅料 C	002C	1 658.40	g	1 659	

制单：　　　　　　　　　　审批：　　　　　　　　　　仓库：

表 2-77 生产领料单

生产单号：S1128025　　　　　投产数量：74 840　　　　　生产部门：生产二部
产品编码：S-CS**WS2　　　　领料日期：20××-11-28　　　领料单号：MR××25

序号	物料编码	物料名称	规格型号	申领数量	单位	实发数量	备注
1	X-B003	发光片	B类003	74 840	PCS	74 840	
2	Y-CSW001	外壳	2030SW	74 840	PCS	74 840	
3	A-001	辅料A	001A	7 484	g	7 484	
4	B-001	辅料B	001B	22 452	m	22 452	
5	S-001	辅料S	001S	11 226	g	11 226	
6	S-002	辅料S	002S	22 452	g	22 452	
7	C-001	辅料C	001C	3 742	g	3 742	
8	C-002	辅料C	002C	748.40	g	749	

制单：　　　　　　　　　　审批：　　　　　　　　　　仓库：

表 2-78 生产领料单

生产单号：S1130026　　　　　投产数量：21 550　　　　　生产部门：生产二部
产品编码：S-AS**WS2　　　　领料日期：20××-11-30　　　领料单号：MR××26

序号	物料编码	物料名称	规格型号	申领数量	单位	实发数量	备注
1	X-B001	发光片	B类001	21 550	PCS	21 550	
2	Y-ASW001	外壳	2835SW	21 550	PCS	21 550	
3	A-001	辅料A	001A	1 293	g	1 293	
4	B-001	辅料B	001B	4 525.50	m	4 526	
5	S-001	辅料S	001S	3 232.50	g	3 233	
6	S-002	辅料S	002S	1 724	g	1 724	
7	C-001	辅料C	001C	1 077.50	g	1 078	
8	C-002	辅料C	002C	1 293	g	1 293	

制单：　　　　　　　　　　审批：　　　　　　　　　　仓库：

贴心提示

本实训中的生产领料单所反映的材料领用数即该生产单实际领用的原材料。仓库部门根据领料单登记材料明细账，领用数计入本期发出数量。财务部门根据生产领料单中的财务联,将领用数量乘以发出单价,得出领用材料金额。本实训按分批法进行核算,故原材料成本也需要按生产任务单进行归集,核算到该生产任务单的材料成本科目中。

(2)本月生产退料单

表 2-79 生产退料单

生产单号:S1101001　　　　　　　　　　　　生产部门:生产二部
退回仓库:材料仓　　退料日期:20××年11月30日　领料单号:RR××01

序号	物料编码	物料名称	规格型号	申退数量	单位	实退数量	备注
1	X-R002	发光片	R 类 002	−150	PCS	−150	
2	X-G003	发光片	G 类 003	−120	PCS	−120	
3	X-B009	发光片	B 类 009	−186	PCS	−186	
4	Y-ATF001	外壳	2835TF	−60	PCS	−60	

制单:　　　　　　　　　　审批:　　　　　　　　　　仓库:

表 2-80 生产退料单

生产单号:S1104007　　　　　　　　　　　　生产部门:生产二部
退回仓库:材料仓　　退料日期:20××年11月30日　退料单号:RR××02

序号	物料编码	物料名称	规格型号	申退数量	单位	实退数量	备注
1	X-R001	发光片	R 类 001	−258	PCS	−258	
2	X-G001	发光片	G 类 001	−230	PCS	−230	
3	X-B006	发光片	B 类 006	−260	PCS	−260	
4	Y-BTF001	外壳	5050TF	−40	PCS	−40	

制单:　　　　　　　　　　审批:　　　　　　　　　　仓库:

表 2-81 生产退料单

生产单号:S1124023　　　　　　　　　　　　生产部门:生产二部
退回仓库:材料仓　　退料日期:20××年11月30日　退料单号:RR××03

序号	物料编码	物料名称	规格型号	申退数量	单位	实退数量	备注
1	X-B005	发光片	B 类 005	−90	PCS	−90	
2	Y-BTW001	外壳	5050TW	−30	PCS	−30	

制单:　　　　　　　　　　审批:　　　　　　　　　　仓库:

表 2-82　生产退料单

生产单号：部门退料　　　　　　　　　　　　　　生产部门：生产二部
退回仓库：材料仓　　　退料日期：20××年11月30日　退料单号：RR××004

序号	物料编码	物料名称	规格型号	申退数量	单位	实退数量	备注
1	A-001	辅料 A	001A	−10	g	−10	
2	A-002	辅料 A	002A	−5	g	−5	
3	B-001	辅料 B	001B	−5	m	−5	
4	B-002	辅料 B	002B	−10	m	−10	

制单：　　　　　　　　　　审批：　　　　　　　　　　仓库：

表 2-83　生产退料单

生产单号：部门退料　　　　　　　　　　　　　　生产部门：生产二部
退回仓库：材料仓　　　退料日期：20××年11月30日　退料单号：RR××005

序号	物料编码	物料名称	规格型号	申退数量	单位	实退数量	备注
1	C-001	辅料 C	001C	−13	g	−13	
2	C-002	辅料 C	002C	−16	g	−16	
3	E-001	辅料 E	001E	−2	g	−2	
4	E-002	辅料 E	002E	−3	g	−3	
5	S-001	辅料 S	001S	−6	g	−6	
6	S-002	辅料 S	002S	−8	g	−8	

制单：　　　　　　　　　　审批：　　　　　　　　　　仓库：

贴心提示

为准确反映各生产订单的实际情况，一般要求生产部门严格按照订单生产、统计，做到单单清理。不同生产订单之间的材料不能相互混淆（至少在账面上应该有所区别），有材料盈余的生产订单与材料不足的生产订单之间不得直接进行材料调剂，而需要经过生产退料单、生产补料单等程序进行处理，以反映各生产订单真实的材料消耗。所以，生产领料数加上生产补料数，再扣减生产退料数，即该生产单实际耗用的材料数量。

有些情况下，各生产单的直接辅助材料会出现混用情况，这样辅助材料是否多余或不足就难以直接追溯到具体生产单。由于辅助材料金额小，成本占比低，在多余或不足数量较小的情况下，可以不追溯具体生产单号，直接作为制造费用处理；如果多余或不足数量涉及金额较大且能追溯，应该追溯，并考虑是否需要调整 BOM 用量。本书案例中，辅助材料退料部分金额小，故不需要进行追溯。

为准确核算当期产品成本，还有一种被称为"假退料"的退料情况，即对当期已领用未耗用原材料，在期末通过退料单扣减当期领料数，以做到实际领用材料与实际耗用材料相匹配。但为减少工作量，材料却仍旧留在生产部门，不退回仓库。次月月初，再开具领料单，进行虚拟领料。这种只在账务处理上进行退料，而实际环节未退料的方式，即"假退料"。

另外，本实训案例中，原材料为投产时一次性投料。

4. 本月其他领料情况

在企业经营过程中，除生产领料之外，生产部门及其他各部门也可能出于一些非生产原因而领用原材料、低值易耗品、包装物、产成品等。这些其他领料相对于生产领料而言，一般数量小、种类多、品种杂，需要根据部门及用途归类核算。大海公司各部门20××年11月其他领料单如表2-84～表2-106所示。

表 2-84 其他领料单

领料部门：生产二部　　　领料日期：20××-11-03　　　领料单号：OR××01

序号	物料编码	物料名称	规格型号	单位	申领数量	实发数量	备注
1	Z-001	包装袋一		PCS	100	100	
2	Z-003	包装箱一		PCS	40	40	
3	Z-004	不干胶标签		PCS	200	200	
4	Z-005	包装盒带		m	1 500	1 500	

制单：　　　　　　　　　审批：　　　　　　　　　仓库

表 2-85 其他领料单

领料部门：生产二部　　　　领料日期：20××-11-12　　　领料单号：OR××02

序号	物料编码	物料名称	规格型号	单位	申领数量	实发数量	备注
1	Z-001	包装袋一		PCS	180	180	
2	Z-003	包装箱一		PCS	45	45	
3	Z-004	不干胶标签		PCS	400	400	
4	Z-005	包装盒带		m	1 200	1 200	

制单：　　　　　　　　　　审批：　　　　　　　　　　仓库：

表 2-86 其他领料单

领料部门：生产二部　　　　领料日期：20××-11-18　　　领料单号：OR××03

序号	物料编码	物料名称	规格型号	单位	申领数量	实发数量	备注
1	Z-001	包装袋一		PCS	150	150	
2	Z-003	包装箱一		PCS	45	45	
3	Z-004	不干胶标签		PCS	200	200	
4	Z-005	包装盒带		m	900	900	

制单：　　　　　　　　　　审批：　　　　　　　　　　仓库：

表 2-87 其他领料单

领料部门：生产二部　　　　领料日期：20××-11-26　　　领料单号：OR××04

序号	物料编码	物料名称	规格型号	单位	申领数量	实发数量	备注
1	Z-001	包装袋一		PCS	230	230	
2	Z-003	包装箱一		PCS	40	40	
3	Z-004	不干胶标签		PCS	480	480	
4	Z-005	包装盒带		m	1 500	1 500	

制单：　　　　　　　　　　审批：　　　　　　　　　　仓库：

表 2-88 其他领料单

领料部门：设备部　　　　　领料日期：20××-11-04　　　领料单号：OS××01

序号	物料编码	物料名称	规格型号	单位	申领数量	实发数量	备注
1	O-001	机物料一		PCS	10	10	
2	O-003	机物料三		PCS	15	15	
3	O-005	配件二		PCS	10	10	

制单：　　　　　　　　　　审批：　　　　　　　　　　仓库：

表 2-89　其他领料单

领料部门：设备部　　　　领料日期：20××-11-07　　　　领料单号：OS××02

序号	物料编码	物料名称	规格型号	单位	申领数量	实发数量	备注
1	O-002	机物料二		PCS	15	15	
2	O-004	配件一		PCS	20	20	
3	O-006	配件三		PCS	15	15	

制单：　　　　　　　　　　审批：　　　　　　　　　　仓库：

表 2-90　其他领料单

领料部门：设备部　　　　领料日期：20××-11-12　　　　领料单号：OS××03

序号	物料编码	物料名称	规格型号	单位	申领数量	实发数量	备注
1	O-001	机物料一		PCS	24	24	
2	O-003	机物料三		PCS	32	32	
3	O-005	配件二		PCS	24	24	

制单：　　　　　　　　　　审批：　　　　　　　　　　仓库：

表 2-91　其他领料单

领料部门：设备部　　　　领料日期：20××-11-15　　　　领料单号：OS××4

序号	物料编码	物料名称	规格型号	单位	申领数量	实发数量	备注
1	O-002	机物料二		PCS	10	10	
2	O-004	配件一		PCS	15	15	
3	O-006	配件三		PCS	10	10	

制单：　　　　　　　　　　审批：　　　　　　　　　　仓库：

表 2-92　其他领料单

领料部门：设备部　　　　领料日期：20××-11-23　　　　领料单号：OS××5

序号	物料编码	物料名称	规格型号	单位	申领数量	实发数量	备注
1	O-001	机物料一		PCS	15	15	
2	O-003	机物料三		PCS	20	20	
3	O-005	配件二		PCS	15	15	

制单：　　　　　　　　　　审批：　　　　　　　　　　仓库：

表 2-93 其他领料单

领料部门：设备部　　　　领料日期：20××-11-27　　　　领料单号：OS××6

序号	物料编码	物料名称	规格型号	单位	申领数量	实发数量	备注
1	O-002	机物料二		PCS	18	18	
2	O-004	配件一		PCS	25	25	
3	O-006	配件三		PCS	20	20	

制单：　　　　　　　　　　审批：　　　　　　　　　　仓库：

表 2-94 其他领料单

领料部门：品保部　　　　领料日期：20××-11-02　　　　领料单号：OP××1

序号	物料编码	物料名称	规格型号	单位	申领数量	实发数量	备注
1	Y-CSW001	2030 外壳		PCS	60	60	
2	Y-ATF001	2835 外壳		PCS	60	60	
3	Y-ASW001	2835 外壳		PCS	70	70	
4	Y-BTW001	5050 外壳		PCS	60	60	
5	Y-BTF001	5050 外壳		PCS	65	65	

制单：　　　　　　　　　　审批：　　　　　　　　　　仓库：

表 2-95 其他领料单

领料部门：品保部　　　　领料日期：20××-11-05　　　　领料单号：OP××2

序号	物料编码	物料名称	规格型号	单位	申领数量	实发数量	备注
1	X-B001	B 类发光片		PCS	100	100	
2	X-B003	B 类发光片		PCS	100	100	
3	X-R003	R 类发光片		PCS	100	100	
4	X-R002	R 类发光片		PCS	100	100	
5	X-G002	G 类发光片		PCS	100	100	
6	X-G004	G 类发光片		PCS	100	100	

制单：　　　　　　　　　　审批：　　　　　　　　　　仓库：

表 2-96 其他领料单

领料部门：品保部　　　　领料日期：20××-11-08　　　　领料单号：OP××3

序号	物料编码	物料名称	规格型号	单位	申领数量	实发数量	备注
1	X-B004	B类发光片		PCS	80	80	
2	X-B001	B类发光片		PCS	80	80	
3	X-R003	R类发光片		PCS	80	80	
4	X-G005	G类发光片		PCS	80	80	
5	X-G003	G类发光片		PCS	80	80	

制单：　　　　　　　　　审批：　　　　　　　　　仓库：

表 2-97 其他领料单

领料部门：品保部　　　　领料日期：20××-11-17　　　　领料单号：OP××4

序号	物料编码	物料名称	规格型号	单位	申领数量	实发数量	备注
1	A-001	辅料A-001		g	10	10	
2	A-002	辅料A-002		g	10	10	
3	S-001	辅料S-001		g	10	10	
4	S-002	辅料S-002		g	10	10	
5	E-001	辅料E-001		g	10	10	
6	E-002	辅料E-002		g	10	10	

制单：　　　　　　　　　审批：　　　　　　　　　仓库：

表 2-98 其他领料单

领料部门：品保部　　　　领料日期：20××-11-18　　　　领料单号：OP××5

序号	物料编码	物料名称	规格型号	单位	申领数量	实发数量	备注
1	X-B002	B类发光片		PCS	50	50	
2	X-B004	B类发光片		PCS	50	50	
3	X-R003	R类发光片		PCS	50	50	
4	X-R005	R类发光片		PCS	50	50	
5	X-G001	G类发光片		PCS	50	50	
6	X-G004	G类发光片		PCS	50	50	

制单：　　　　　　　　　审批：　　　　　　　　　仓库：

表 2-99 其他领料单

领料部门：品保部　　　　领料日期：20××-11-22　　　　领料单号：OP××6

序号	物料编码	物料名称	规格型号	单位	申领数量	实发数量	备注
1	S-003	辅料 S-003		g	10	10	
2	S-004	辅料 S-004		g	10	10	
3	B-001	辅料 B-001		m	10	10	
4	B-002	辅料 B-002		m	10	10	
5	B-003	辅料 B-003		m	10	10	

制单：　　　　　　　　　　审批：　　　　　　　　　　仓库：

表 2-100 其他领料单

领料部门：品保部　　　　领料日期：20××-11-24　　　　领料单号：OP××7

序号	物料编码	物料名称	规格型号	单位	申领数量	实发数量	备注
1	C-001	辅料 C-001		g	5	5	
2	C-002	辅料 C-002		g	5	5	
3	C-003	辅料 C-003		g	5	5	

制单：　　　　　　　　　　审批：　　　　　　　　　　仓库：

表 2-101 其他领料单

领料部门：品保部　　　　领料日期：20××-11-26　　　　领料单号：OP××8

序号	物料编码	物料名称	规格型号	单位	申领数量	实发数量	备注
1	X-B005	B 类发光片		PCS	40	40	
2	X-B001	B 类发光片		PCS	40	40	
3	X-R004	R 类发光片		PCS	40	40	
4	X-R002	R 类发光片		PCS	40	40	
5	X-G002	G 类发光片		PCS	40	40	
6	X-G003	G 类发光片		PCS	40	40	

制单：　　　　　　　　　　审批：　　　　　　　　　　仓库：

表 2-102　其他领料单

领料部门：技术中心　　　领料日期：20××-11-02　　　领料单号：OJ××1

序号	物料编码	物料名称	规格型号	单位	申领数量	实发数量	备注
1	X-B002	B类发光片		PCS	100	100	
2	X-B001	B类发光片		PCS	200	200	
3	X-R001	R类发光片		PCS	200	200	
4	X-R004	R类发光片		PCS	160	160	
5	X-G002	G类发光片		PCS	200	200	
6	X-G003	G类发光片		PCS	200	200	

制单：　　　　　　　　　审批：　　　　　　　　　仓库：

表 2-103　其他领料单

领料部门：技术中心　　　领料日期：20××-11-06　　　领料单号：OJ××2

序号	物料编码	物料名称	规格型号	单位	申领数量	实发数量	备注
1	X-B002	B类发光片		PCS	1 000	1 000	
2	X-B003	B类发光片		PCS	1 000	1 000	
3	X-R002	R类发光片		PCS	1 000	1 000	
4	X-R003	R类发光片		PCS	1 000	1 000	
5	X-G001	G类发光片		PCS	1 000	1 000	
6	X-G004	G类发光片		PCS	1 000	1 000	

制单：　　　　　　　　　审批：　　　　　　　　　仓库：

表 2-104　其他领料单

领料部门：技术中心　　　领料日期：20××-11-16　　　领料单号：OJ××3

序号	物料编码	物料名称	规格型号	单位	申领数量	实发数量	备注
1	Y-CSW001	2030 外壳		PCS	300	300	
2	Y-ATF001	2835 外壳		PCS	300	300	
3	Y-ASW001	2835 外壳		PCS	300	300	
4	Y-BTW001	5050 外壳		PCS	300	300	
5	Y-BTF001	5050 外壳		PCS	300	300	

制单：　　　　　　　　　审批：　　　　　　　　　仓库：

表 2-105　其他领料单

领料部门：技术中心　　　　领料日期：20××-11-18　　　　领料单号：OJ××4

序号	物料编码	物料名称	规格型号	单位	申领数量	实发数量	备注
1	S-003	辅料 S-003		g	50	50	
2	S-004	辅料 S-004		g	50	50	
3	B-001	辅料 B-001		m	40	40	
4	B-002	辅料 B-002		m	40	40	
5	B-003	辅料 B-003		m	40	40	

制单：　　　　　　　　　　审批：　　　　　　　　　　仓库：

表 2-106　其他领料单

领料部门：技术中心　　　　领料日期：20××-11-25　　　　领料单号：OJ××5

序号	物料编码	物料名称	规格型号	单位	申领数量	实发数量	备注
1	C-001	辅料 C-001		g	3	3	
2	C-002	辅料 C-002		g	3	3	
3	C-003	辅料 C-003		g	3	3	

制单：　　　　　　　　　　审批：　　　　　　　　　　仓库：

贴心提示

其他领料单反映的是各部门为工作需要所领用的原材料、低值易耗品等。期末，财务部门应根据各部门实际领用数量，计算该部门领用原材料、低值易耗品等金额，进行账务处理。

需要特别说明的是，包装物一般为生产用料，大多数情况下按生产单投产数量确定并领用包装物，在生产领料单中反映，作为直接材料成本核算。但也有企业产品较为单一，并且集中在包装车间进行包装，而且包装物成本较小，因此可以直接由车间统一领用。本实训案例中，为简化说明与计算，采用车间统一领用，直接作为制造费用核算。但实务中应该依据实际情况来确定。

5. 本月工资结算

月末，人事部门根据出勤及考核情况，编制当月工资表及工资结算汇总表。公司20××年11月工资结算情况如表2-107所示。

表 2-107 大海股份有限公司工资结算汇总表

所属年月：20×× 年 11 月　　　　　　　　　　　　　　　　　　　（单位：元）

项目		序号	人数	计时工资	计件工资	应扣工资	综合奖金	夜班津贴	应付工资
生产一部	生产工人	1	64	217 600.00		1 200.00	1 800.00	2 000.00	220 200.00
	管理人员	2	4	16 800.00					16 800.00
生产二部	生产工人	3	50	173 800.00		800.00	2 000.00		175 000.00
	管理人员	4	3	12 600.00			480.00		13 080.00
生产三部	生产工人	5	40	136 800.00		200.00	1 500.00	1 200.00	139 300.00
	管理人员	6	2	8 400.00			400.00		8 800.00
设备部		7	5	19 000.00			200.00		19 200.00
品保部		8	8	30 400.00			440.00		30 840.00
行政管理、技术研发		9	28	128 800.00		300.00	1 800.00		130 300.00
销售部		10	20	70 000.00			2 100.00		72 100.00
合计			224	814 200.00	0.00	2 500.00	10 720.00	3 200.00	825 620.00

制表：　　　　　　　审核：　　　　　　　审批：　　　　　　　制表日期：

另外，按公司所在地的相关规定，五险一金（养老保险、工伤保险、生育保险、基本医疗保险、失业保险、住房公积金）的缴纳比率如表 2-108 所示。

表 2-108 五险一金缴纳比率表

种类名称	企业比例	个人比例	合计比例	备注
养老保险	14%	8%	22%	
工伤保险	0.4%	0	0.4%	
生育保险	1%	0	1%	
基本医疗保险	10%	2%	12%	
失业保险	0.5%	0.5%	1%	
住房公积金	5%	5%	10%	
合计	30.9%	15.5%	46.4%	

📁 **贴心提示**

按照《民法典》和《社会保险法》的规定，用人单位在与劳动者双方建立劳动关系后就应该为其缴纳社保。《住房公积金管理条例》规定，用人单位和职工本人都必须按照国家规定缴纳住房公积金。因此，"五险一金"是有一定强制性的。但考虑到各地经济发展水平不同，对于"五险一金"的具体缴纳比例的最低要求也多少存在差异，因此表 2-108 中所列示的缴纳比率仅仅出于实训操作的需要，而非特指某一地区的实际缴纳比率。此外，为简化计算，假设"五险一金"均以当期应付工资为计算基数。

6. 本月工时统计

在企业生产部门生产管理过程中，需要对各生产单的生产过程进行记录，其中包括各生产单在各工序的耗用工时。作为考核生产部门生产效率的重要依据，工时同时也是传统成本核算方法中重要的间接成本分摊标准。本实训案例中，工资、燃料动力、制造费用等间接费用都需要按工时进行分配。本期生产二部各生产单工时统计表如表 2-109 所示。

表 2-109 大海股份有限公司工时统计汇总表

所属部门：生产二部　　　　　　　　　　所属年月：20××年11月

生产单号	成品编码	结案	期初在产品工时	本期投产工时	完工产品工时	期末在产品工时	备注
S1026021	S-AT**FE1	是	977	8 639	9 616	0	
S1027023		是	250	4 058	4 308	0	
S1029025		是	263	4 269	4 532	0	
S1022018	S-BT**FE1	是	1 220	10 390	11 610	0	
S1030026		是	370	5 847	6 217	0	
S1021015	S-BT**WS2	是	510	1 952	2 462	0	
S1028024		是	260	1 936	2 196	0	
S1021016	S-AS**WS2	是	170	1 396	1 566	0	
S1021017		是	224	1 820	2 044	0	
S1101001	S-AT**FE1	是		11 021	11 021	0	
S1101002		是		8 503	8 503	0	

(续)

生产单号	成品编码	结案	期初在产品工时	本期投产工时	完工产品工时	期末在产品工时	备注
S1104006	S-AT**FE1	是		7 692	7 692	0	
S1114016		是		13 253	13 253	0	
S1115017		是		18 402	18 402	0	
S1116018		是		9 255	9 255	0	
S1101003	S-AS**WS2	是		2 004	2 004	0	
S1102004		是		1 334	1 334	0	
S1103005		否		7 829	4 848	2 981	
S1118020		是		3 888	3 888	0	
S1130026		否		1 268	0	1 268	
S1104007	S-BT**FE1	是		41 083	41 083	0	
S1107010		是		21 133	21 133	0	
S1107009	S-BT**WS2	是		9 851	9 851	0	
S1114015		是		4 668	4 668	0	
S1120021		是		6 888	6 888	0	
S1121022		否		5 612	4 400	1 212	
S1124023		否		4 960	2 940	2 020	
S1125024		否		1 426	0	1 426	
S1104008	S-CS**WS2	是		2 505	2 505	0	
S1109011		是		2 869	2 869	0	
S1110012		是		2 904	2 904	0	
S1111013		是		1 862	1 862	0	
S1111014		是		3 108	3 108	0	
S1116019		是		1 299	1 299	0	
S1128025		否		2 608	0	2 608	
合计			4 244	237 532	230 261	11 515	

> 贴心提示

生产工时可以分为人工工时和机器工时。在手工程度较高、机械化程度较低的情况下，一般使用人工工时作为相关共同费用的分配标准。反之，在手工程度较低而机械化程度较高的情况下，使用机器工时进行费用分配就更为合理。本书在此使用机器工时进行分配。

另外,在传统的成本核算方法下,如果将间接成本不加区分而直接平摊进各项产品的生产成本之中,显然不符合"谁受益谁承担"原则,这就需要结合生产或使用工时作为标准进行分配,以合理而公平地确定和评价各类产品的成本与效益。

实务中,既可以按照实际统计情况计算生产工时,也可以按照工时定额及完工程度来确定已完工产品和在产品的工时。

7. 本月水电费统计表

月末,设备部对公司内各用电部门、用水部门的电表、水表进行抄录,以确认、核算、分摊当期电费和水费。本案例公司20××年11月总电表显示本月耗电 396 000 千瓦时,总金额为 393 782.40 元(含税,假设增值税税率为13%,不含税金额为 348 480.00 元);总水表显示本月耗水 1 260 吨,总金额为 4 032.00 元(不含税,假设增值税税率为9%)。假定上述水电费金额已经确定,票据已取得并确认了增值税进项税抵扣,款项于次月15日支付。各部门耗电数、耗水数如表 2-110 和表 2-111 所示。

表 2-110　大海股份有限公司电费结算汇总表

所属年月:20×× 年 11 月

项 目		序号	用电量（元/千瓦时）	分配单价（元/千瓦时）	金额（元）	备注说明
生产一部	生产用电	1	112 000			
	管理用电	2	4 100			
生产二部	生产用电	3	84 600			
	管理用电	4	3 200			
生产三部	生产用电	5	124 000			
	管理用电	6	5 050			
设备部		7	16 800			
品保部		8	12 800			
行政管理、技术研发		9	29 500			
销售部		10	3 950			
合计			396 000	0.88	348 480.00	

制表:　　　　　　　　　　审核:　　　　　　　　　　制表日期:

表 2-111　大海股份有限公司水费结算汇总表

所属年月：20××年11月

项目		序号	用水量（吨）	分配水价（元/吨）	金额（元）	备注说明
生产一部	生产用水	1	210			
	管理用水	2	35			
生产二部	生产用水	3	180			
	管理用水	4	15			
生产三部	生产用水	5	298			
	管理用水	6	42			
设备部		7	130			
品保部		8	120			
行政管理、技术研发		9	230			
合计			1 260	3.20	4 032.00	

制表：　　　　　　　　　　审核：　　　　　　　　　　制表日期：

> **贴心提示**

水电费在不同企业成本中所占比例不同，所以核算方法也不相同。当水电费在成本中比重较大时，为求准确，应单独设置科目核算；反之，若金额较小、成本比重较低，则简化为直接在制造费用中核算。本实训案例中，电费在成本中所占比重较大，应单独核算；而水费金额较小，只需要在制造费用中核算。

需要特别说明的是，在实务中，自来水公司、电网公司结算水电费的期间在不同地方会有所区别，未必刚好与自然月匹配。所以实务中，企业一般的做法有两种：①按当期实际消耗量预估水电费；②将本期实际支付的上一周期消耗金额作为本期消耗数据。本实训中为简化核算，假定自来水公司、电网公司恰好按自然月进行抄表结算，款项于次月15日前支付。

8. 固定资产折旧计提

期末，财务部应计提并确认当期固定资产折旧费用。本期公司固定资产折旧计算表如表2-112所示。

表 2-112　大海股份有限公司固定资产折旧计算表

所属年月：20××年11月　　　　　　　　　　　　　　　　　　　（单位：元）

资产类别	部门	原值	月折旧额	累计折旧	资产净值	备注
房屋建筑	生产一部	1 282 042.42	7 692.25	244 977.59	1 037 064.83	
	生产二部	2 003 192.00	12 019.20	382 777.48	1 620 414.52	
	生产三部	1 035 535.80	6 213.20	197 874.16	837 661.64	
	设备部	400 638.26	2 403.83	76 555.50	324 082.76	
	品保部	320 510.60	1 923.06	61 244.40	259 266.20	
	行政部门	1 868 146.00	11 208.88	356 972.52	1 511 173.48	
	销售部	602 148.62	3 612.90	115 060.86	487 087.76	
	小计	7 512 213.70	45 073.32	1 435 462.51	6 076 751.19	
机器设备	生产一部	1 065 685.72	6 394.10	337 759.35	727 926.37	
	生产二部	738 222.20	4 429.33	206 105.36	532 116.84	
	生产三部	532 842.16	3 197.06	168 879.66	363 962.50	
	设备部	213 137.14	1 278.82	67 551.86	145 585.28	
	品保部	319 705.70	1 918.24	101 327.80	218 377.90	
	小计	2 869 592.92	17 217.55	881 624.03	1 987 968.89	
办公设备	生产一部	12 720.40	76.32	5 726.76	6 993.64	
	生产二部	21 200.80	127.20	9 544.60	11 656.20	
	生产三部	4 240.25	25.44	1 908.92	2 331.33	
	设备部	4 240.15	25.44	1 908.92	2 331.23	
	品保部	6 216.80	37.30	2 185.16	4 031.64	
	行政部门	284 015.30	1 704.08	117 290.15	166 725.15	
	销售部门	113 322.18	679.93	47 289.06	66 033.12	
	小计	445 955.88	2 675.71	185 853.57	260 102.31	
合计		10 827 762.50	64 966.58	2 502 940.81	8 324 822.39	

制表：　　　　　　　　　　审核：　　　　　　　　　　制表日期：

9. 辅助车间成本明细账

期末，财务部应对公司辅助生产部门所发生的成本费用，根据"谁受益谁承担"原则在各受益对象中进行分配。分配依据为各辅助生产部门提供的"辅助生产部门工时统计表"（或服务量统计表），即辅助生产部门为各受益部门提供辅助服务的工时或服务量统计。本书案例中，辅助生产部门有两个，分别为设备部与品保部，其辅助成本费用使用顺序分配法进行分配。本月这两个辅助部门的电费与固定资产折旧费见表 2-110 及表 2-112（为简化起见，假设两个辅助部门不用承担水费），其他相关费用如表 2-113～表 2-116 所示。

表 2-113 大海股份有限公司明细账

科目名称：生产成本——辅助生产成本——设备部　　　　　　（单位：元）

月	日	凭证号	摘要	借方	贷方	借/贷	余额
11	1		期初余额			平	0.00
11	3		设备部培训费	3 000.00		借	3 000.00
11	6		设备部购买办公用品	820.00		借	3 820.00
11	10		设备部领用工具器具	1 320.00		借	5 140.00
11	14		设备部差旅费	2 280.00		借	7 420.00
11	18		设备部招待费	1 620.00		借	9 040.00
11	26		设备部购买工具一批	3 250.00		借	12 290.00

表 2-114 大海股份有限公司辅助生产部门工时统计表

辅助部门：设备部　　　　　　　　　　　　　所属年月：20××年 11 月

序号	服务对象	服务工时	备注
1	生产一部	156	
2	生产二部	210	
3	生产三部	162	
4	品保部	50	
5	行政管理及其他	62	
合计		640	

制表：　　　　　　　　　　审核：　　　　　　　　　制表日期：

表 2-115 大海股份有限公司明细账

科目名称：生产成本——辅助生产成本——品保部　　　　　　（单位：元）

月	日	凭证号	摘要	借方	贷方	借/贷	余额
11	1		期初余额			平	0.00
11	5		品保部员工技能培训	4 200.00		借	4 200.00
11	6		品保部购买办公用品	680.00		借	4 880.00
11	10		品保部领用工具器具	1 280.00		借	6 160.00
11	14		品保部差旅费	1 820.00		借	7 980.00
11	18		品保部招待费	1 840.00		借	9 820.00
11	23		品保部购买工具一批	1 230.00		借	11 050.00

表 2-116　大海股份有限公司辅助生产部门工时统计表

辅助部门：品保部　　　　　　　　　　　　所属年月：20××年11月

序号	服务对象	服务工时	备注
1	生产一部	352	
2	生产二部	420	
3	生产三部	508	
合计		1 280	

制表：　　　　　　　　　审核：　　　　　　　　　制表日期：

10. 生产车间制造费用明细账

制造费用是生产成本的重要内容之一，期末，财务部需对制造费用进行归集和分配。本书案例按简化分批法核算，生产二部只生产同一大类产品，故其制造费用全部转入该生产部门的"基本生产成本——制造费用（生产二部）"账簿中。除本书材料所涉及事项以外，公司生产二部制造费用结转之前的其他杂项明细总额如表 2-117 所示。

表 2-117　大海股份有限公司明细账

科目名称：制造费用——生产二部　　　　　　　　　　　　　　（单位：元）

月	日	凭证号	摘要	借方	贷方	借/贷	余额
11	1		期初余额			平	0.00
……	……	……	……	……	……	借	……
……	……	……	……	……	……	借	……
11	30	……	……	……	……	借	658 20.00

11. 完工产品入库情况

生产部门产品完工后，需要经品保部进行质量检验。其中检验判定为良品部分的完工产品，应填制生产入库单，经成品仓库确认后结转入库。而经检验为不合格的产品判为不良品，进行报废处理。生产二部当月的生产入库单如表 2-118～表 2-149 所示。

表 2-118　大海股份有限公司生产入库单

生产部门：生产二部　　　入库日期：20××-11-01　　　入库单号：PR02001

序号	生产单号	成品编码	成品名称	规格型号	单位	数量	备注
1	S1021015	S-BT**WS2	5050 白光		PCS	415	

制单：　　　　　　　　　品保部：　　　　　　　　　仓库：

表 2-119　大海股份有限公司生产入库单

生产部门：生产二部　　　入库日期：20××-11-01　　　入库单号：PR02002

序号	生产单号	成品编码	成品名称	规格型号	单位	数量	备注
1	S1021016	S-AS**WS2	2835 白光		PCS	268	

制单：　　　　　　　　　品保部：　　　　　　　　　仓库：

表 2-120　大海股份有限公司生产入库单

生产部门：生产二部　　　入库日期：20××-11-03　　　入库单号：PR02003

序号	生产单号	成品编码	成品名称	规格型号	单位	数量	备注
1	S1021017	S-AS**WS2	2835 白光		PCS	330	

制单：　　　　　　　　　品保部：　　　　　　　　　仓库：

表 2-121　大海股份有限公司生产入库单

生产部门：生产二部　　　入库日期：20××-11-04　　　入库单号：PR02004

序号	生产单号	成品编码	成品名称	规格型号	单位	数量	备注
1	S1022018	S-BT**FE1	5050 全彩		PCS	2 532	

制单：　　　　　　　　　品保部：　　　　　　　　　仓库：

表 2-122　大海股份有限公司生产入库单

生产部门：生产二部　　　入库日期：20××-11-05　　　入库单号：PR02005

序号	生产单号	成品编码	成品名称	规格型号	单位	数量	备注
1	S1026021	S-AT**FE1	2835 全彩		PCS	3700	

制单：　　　　　　　　　品保部：　　　　　　　　　仓库：

表 2-123　大海股份有限公司生产入库单

生产部门：生产二部　　　入库日期：20××-11-06　　　入库单号：PR02006

序号	生产单号	成品编码	成品名称	规格型号	单位	数量	备注
1	S1027023	S-AT**FE1	2835 全彩		PCS	1 670	

制单：　　　　　　　　　品保部：　　　　　　　　仓库：

表 2-124　大海股份有限公司生产入库单

生产部门：生产二部　　　入库日期：20××-11-08　　　入库单号：PR02007

序号	生产单号	成品编码	成品名称	规格型号	单位	数量	备注
1	S1028024	S-BT**WS2	5050 白光		PCS	350	

制单：　　　　　　　　　品保部：　　　　　　　　仓库：

表 2-125　大海股份有限公司生产入库单

生产部门：生产二部　　　入库日期：20××-11-09　　　入库单号：PR02008

序号	生产单号	成品编码	成品名称	规格型号	单位	数量	备注
1	S1029025	S-AT**FE1	2835 全彩		PCS	1 760	

制单：　　　　　　　　　品保部：　　　　　　　　仓库：

表 2-126　大海股份有限公司生产入库单

生产部门：生产二部　　　入库日期：20××-11-09　　　入库单号：PR02009

序号	生产单号	成品编码	成品名称	规格型号	单位	数量	备注
1	S1030026	S-BT**FE1	5050 全彩		PCS	1 360	

制单：　　　　　　　　　品保部：　　　　　　　　仓库：

表 2-127　大海股份有限公司生产入库单

生产部门：生产二部　　　入库日期：20××-11-11　　　入库单号：PR02010

序号	生产单号	成品编码	成品名称	规格型号	单位	数量	备注
1	S1101001	S-AT**FE1	2835 全彩		PCS	35 550	

制单：　　　　　　　　　品保部：　　　　　　　　仓库：

表 2-128　大海股份有限公司生产入库单

生产部门：生产二部　　　　入库日期：20××-11-11　　　　入库单号：PR02011

序号	生产单号	成品编码	成品名称	规格型号	单位	数量	备注
1	S1101002	S-AT**FE1	2835 全彩		PCS	27 420	

制单：　　　　　　　　　　品保部：　　　　　　　　　　仓库：

表 2-129　大海股份有限公司生产入库单

生产部门：生产二部　　　　入库日期：20××-11-11　　　　入库单号：PR02012

序号	生产单号	成品编码	成品名称	规格型号	单位	数量	备注
1	S1101003	S-AS**WS2	2835 白光		PCS	12 480	

制单：　　　　　　　　　　品保部：　　　　　　　　　　仓库：

表 2-130　大海股份有限公司生产入库单

生产部门：生产二部　　　　入库日期：20××-11-13　　　　入库单号：PR02013

序号	生产单号	成品编码	成品名称	规格型号	单位	数量	备注
1	S1102004	S-AS**WS2	2835 白光		PCS	8 330	

制单：　　　　　　　　　　品保部：　　　　　　　　　　仓库：

表 2-131　大海股份有限公司生产入库单

生产部门：生产二部　　　　入库日期：20××-11-13　　　　入库单号：PR02014

序号	生产单号	成品编码	成品名称	规格型号	单位	数量	备注
1	S1103005	S-AS**WS2	2835 白光		PCS	30 300	

制单：　　　　　　　　　　品保部：　　　　　　　　　　仓库：

表 2-132　大海股份有限公司生产入库单

生产部门：生产二部　　　　入库日期：20××-11-15　　　　入库单号：PR02015

序号	生产单号	成品编码	成品名称	规格型号	单位	数量	备注
1	S1104006	S-AT**FE1	2835 全彩		PCS	24 860	

制单：　　　　　　　　　　品保部：　　　　　　　　　　仓库：

表 2-133　大海股份有限公司生产入库单

生产部门：生产二部　　入库日期：20××-11-16　　入库单号：PR02016

序号	生产单号	成品编码	成品名称	规格型号	单位	数量	备注
1	S1104007	S-BT**FE1	5050 全彩		PCS	82 100	

制单：　　　　　　　　　　品保部：　　　　　　　　　仓库：

表 2-134　大海股份有限公司生产入库单

生产部门：生产二部　　入库日期：20××-11-16　　入库单号：PR02017

序号	生产单号	成品编码	成品名称	规格型号	单位	数量	备注
1	S1104008	S-CS**WS2	2030 白光		PCS	25 000	

制单：　　　　　　　　　　品保部：　　　　　　　　　仓库：

表 2-135　大海股份有限公司生产入库单

生产部门：生产二部　　入库日期：20××-11-17　　入库单号：PR02018

序号	生产单号	成品编码	成品名称	规格型号	单位	数量	备注
1	S1107009	S-BT**WS2	5050 白光		PCS	45 000	

制单：　　　　　　　　　　品保部：　　　　　　　　　仓库：

表 2-136　大海股份有限公司生产入库单

生产部门：生产二部　　入库日期：20××-11-17　　入库单号：PR02019

序号	生产单号	成品编码	成品名称	规格型号	单位	数量	备注
1	S1107010	S-BT**FE1	5050 全彩		PCS	42 300	

制单：　　　　　　　　　　品保部：　　　　　　　　　仓库：

表 2-137　大海股份有限公司生产入库单

生产部门：生产二部　　入库日期：20××-11-19　　入库单号：PR02020

序号	生产单号	成品编码	成品名称	规格型号	单位	数量	备注
1	S1109011	S-CS**WS2	2030 白光		PCS	25 280	

制单：　　　　　　　　　　品保部：　　　　　　　　　仓库：

表 2-138　大海股份有限公司生产入库单

生产部门：生产二部　　　　入库日期：20××-11-19　　　入库单号：PR02021

序号	生产单号	成品编码	成品名称	规格型号	单位	数量	备注
1	S1110012	S-CS**WS2	2030 白光		PCS	30 000	

制单：　　　　　　　　　　品保部：　　　　　　　　　仓库：

表 2-139　大海股份有限公司生产入库单

生产部门：生产二部　　　　入库日期：20××-11-20　　　入库单号：PR02022

序号	生产单号	成品编码	成品名称	规格型号	单位	数量	备注
1	S1111013	S-CS**WS2	2030 白光		PCS	18 200	

制单：　　　　　　　　　　品保部：　　　　　　　　　仓库：

表 2-140　大海股份有限公司生产入库单

生产部门：生产二部　　　　入库日期：20××-11-20　　　入库单号：PR02023

序号	生产单号	成品编码	成品名称	规格型号	单位	数量	备注
1	S1111014	S-CS**WS2	2030 白光		PCS	31 200	

制单：　　　　　　　　　　品保部：　　　　　　　　　仓库：

表 2-141　大海股份有限公司生产入库单

生产部门：生产二部　　　　入库日期：20××-11-23　　　入库单号：PR02024

序号	生产单号	成品编码	成品名称	规格型号	单位	数量	备注
1	S1114015	S-BT**WS2	5050 白光		PCS	21 540	

制单：　　　　　　　　　　品保部：　　　　　　　　　仓库：

表 2-142　大海股份有限公司生产入库单

生产部门：生产二部　　　　入库日期：20××-11-23　　　入库单号：PR02025

序号	生产单号	成品编码	成品名称	规格型号	单位	数量	备注
1	S1114016	S-AT**FE1	2835 全彩		PCS	42 600	

制单：　　　　　　　　　　品保部：　　　　　　　　　仓库：

表 2-143　大海股份有限公司生产入库单

生产部门：生产二部　　　　入库日期：20××-11-24　　　入库单号：PR02026

序号	生产单号	成品编码	成品名称	规格型号	单位	数量	备注
1	S1115017	S-AT**FE1	2835 全彩		PCS	60 000	

制单：　　　　　　　　　　品保部：　　　　　　　　　仓库：

表 2-144　大海股份有限公司生产入库单

生产部门：生产二部　　　　入库日期：20××-11-25　　　入库单号：PR02027

序号	生产单号	成品编码	成品名称	规格型号	单位	数量	备注
1	S1116018	S-AT**FE1	2835 全彩		PCS	30 000	

制单：　　　　　　　　　　品保部：　　　　　　　　　仓库：

表 2-145　大海股份有限公司生产入库单

生产部门：生产二部　　　　入库日期：20××-11-25　　　入库单号：PR02028

序号	生产单号	成品编码	成品名称	规格型号	单位	数量	备注
1	S1116019	S-CS**WS2	2030 白光		PCS	13 000	

制单：　　　　　　　　　　品保部：　　　　　　　　　仓库：

表 2-146　大海股份有限公司生产入库单

生产部门：生产二部　　　　入库日期：20××-11-29　　　入库单号：PR02029

序号	生产单号	成品编码	成品名称	规格型号	单位	数量	备注
1	S1118020	S-AS**WS2	2835 白光		PCS	24 000	

制单：　　　　　　　　　　品保部：　　　　　　　　　仓库：

表 2-147　大海股份有限公司生产入库单

生产部门：生产二部　　　　入库日期：20××-11-29　　　入库单号：PR02030

序号	生产单号	成品编码	成品名称	规格型号	单位	数量	备注
1	S1120021	S-BT**WS2	5050 白光		PCS	31 240	

制单：　　　　　　　　　　品保部：　　　　　　　　　仓库：

表2-148　大海股份有限公司生产入库单

生产部门：生产二部　　　　入库日期：20××-11-30　　　　入库单号：PR02031

序号	生产单号	成品编码	成品名称	规格型号	单位	数量	备注
1	S1121022	S-BT**WS2	5050白光		PCS	20 000	

制单：　　　　　　　　品保部：　　　　　　　　仓库：

表2-149　大海股份有限公司生产入库单

生产部门：生产二部　　　　入库日期：20××-11-30　　　　入库单号：PR02032

序号	生产单号	成品编码	成品名称	规格型号	单位	数量	备注
1	S1124023	S-BT**WS2	5050白光		PCS	13 420	

制单：　　　　　　　　品保部：　　　　　　　　仓库：

贴心提示

生产入库单反映车间生产完工入库的产品数量，是车间工作成果的凭证之一。财务部门依据生产入库单统计各生产单次完工入库的良品数量，分摊计算完工产品的生产成本。

生产部门生产过程中产生的次品、废品，依据不同核算要求进行不同处理。至于如何从生产部门转出，在实务中有不同的处理方法。有些企业按填制的生产入库单，转入废品仓库；有些企业直接进行报废，转入废品仓库。本书实训案例中，为简化起见，对废品直接进行报废，按损耗进行处理，即若该生产单次结案，意味着产品良品已全部入库、剩余材料已退回，差额全部作为损耗处理，不区分究竟是废品还是损耗。

12. 期末在产品情况

期末，生产部门应对尚未完工的生产单进行整理，统计本部门的本期投产、产品完工入库及期末在产品情况，同时盘点在产品数量、核对耗用工时等信息。本案例期末在产品具体数据如表2-150所示。

表 2-150　大海股份有限公司期末在产品统计表

生产部门：生产二部　　　　　　　　　　　所属年月：20××年11月

序号	生产单号	产品代码	在产品数量	在产品成本 直接材料	在产品成本 工时	备注
1	S1121022	S-BT**WS2	9 100		1 212	
2	S1124023	S-BT**WS2	25 000		2 020	
3	S1125024	S-BT**WS2	27 640		1 426	
4	S1128025	S-CS**WS2	74 840		2 608	
5	S1103005	S-AS**WS2	19 000		2 981	
6	S1130026	S-AS**WS2	21 550		1 268	
			177 130		11 515	

制单：　　　　　　　　　审核：　　　　　　　　　制单日期：

第 3 章

账簿初始数据的记录：实务实账操作

3.1 成本核算的准备工作

1. 账簿启用

进行会计核算，首先就需要建账。即使是已经存在的企业，在进入一个新的会计决算年度时，上一会计年度的账簿需要结账归档，自然也需要启用新的账簿。

作为计算产品成本、确定产品交易价格的最主要数据信息载体，同时也作为财务信息资料的重要档案，成本核算账簿也应该由专人负责登记和保管。在启用新账簿或记账人员有变动时，应填写"账簿启用与经管人员一览表"（如表3-1所示，通常设置在账簿的扉页），以便明确记账人员与管理人员的责任，保证成本核算资料的安全性和真实性。

表 3-1　账簿启用与经管人员一览表

账簿名称：_____　　　　　　　　　　单位名称：_____
账簿编号：_____　　　　　　　　　　账簿册数：_____
账簿页数：_____　　　　　　　　　　启用日期：_____
会计主管：（签章）　　　　　　　　　　　记账人员：（签章）

移交日期			移交人		接管人		监交人（会计主管）	
年	月	日	姓名	签章	姓名	签章	姓名	签章

2. 统计台账

除了账簿的启用问题，还有一个很重要的准备工作是日常生产经营活动中原始数据的统计台账。成本核算不同于材料采购与产品销售：购销活动是企业与外部其他单位之间的业务往来，业务发生当时一般会产生相应的购销合同、购销发票等原始证据。而成本核算则不同，企业在生产产品过程中的领料、人工耗费、折旧费用以及相关费用的摊销、完工产品成本的结转等，其初始数据不直接与外部单位相关，而是来源于企业自身的日常记录（俗称"统计台账"），如每次领用原材料的种类、规格型号、数量，每批次或每一确定期间的人工耗用工时或机器耗用工时等。这就要求企业必须做好日常记录人员的安排并明确记录要求，以确保初始数据的完整性与及时有效性。

统计台账工作一般由特定的具体业务经办人员承担，工作量比较大时，就需要在各个车间专门设置"统计员"岗位，负责相关数据资料的搜集、汇总和整理工作。

3.2　账簿形式与账页格式的选择

涉及成本核算的内容，一般可以分为狭义的产品成本核算和期间费用核算两大类。

狭义的产品成本核算是指针对产品形成过程的各项耗费进行记录分析的过程，它通常与产品数量息息相关，因此常常需要有数量或工时方面的记录栏目，以便进行费用的分配；期间费用由于只和会计期间相关，因此不需要过多数量方面的要求。具体选择规律如下。

1. 账簿形式的选择

账簿形式是指会计账簿的外表形式，包括订本账、活页账与卡片账三种㊀。恰当的账簿形式不仅有助于成本核算资料与相关信息的安全完整，也有助于提高成本核算的效率，发挥成本核算与分析的作用。当然，如果企业完全采用会计电算化及磁性介质存储数据，便不存在所谓的账簿外表形式问题。本书考虑到初学者的操作练习，假设企业即使实现了电算化，也依然同步使用手工处理。

由于订本账是装订成册、事先编定页码的，不容易丢失或被更换，安全系数较高，因此一般涉及货币资金或总分类账，包括成本核算的总分类账如"生产成本""制造费用""库存商品"等，都应该选择订本账的形式，以确保这些重要资料的安全。

统计台账一般适合采用活页账的形式。由于统计台账的工作一般比较琐碎、繁多，因此记账工作量较大，必要时需要多人分工协作。而且，统计台账所提供的原始数据常常在各个方面被使用，如有关人工工时的统计台账，计算应付职工薪酬时可能需要；将制造费用分配至不同产品的生产成本时可能需要；在完工产品与在产品之间分配直接人工费用时也可能需要。这就要求统计台账具备一定的可拆分性，有助于同一时间内的相关工作的同步分工进行。当然，活页账的这种可拆分性容易造成随意增减或更换账页从而导致数据被篡改，产生原始记录被更改或丢失的不利影响。所以企业有必要制定相应的控制措施，如将活页账统一预先编定序号、明确数据间的钩稽关系等。

卡片账一般登记的项目比较详细、完整和繁复，编制比较麻烦，不适用于经常性的变动，因而一般应用于使用期限比较长、经济特性变化相对较小、更换频率较低的明细项目的记录，其中最为常见的卡片账是固定资产明细账。

㊀ 具体内容见教材《轻松做工业会计：实务实账操作》第五章的相关内容。

2. 账页格式的选择

账页格式是指具体到每一张账页的书面格式，一般分为三栏式账页、多栏式账页和数量金额式账页等⊖。

其中，三栏式账页的记账形式相对简洁，记录内容具有一定的综合性和概括性，因此一般适用于所有的总分类账簿以及只需要侧重金额信息，而对进一步的细化构成信息或数量信息不做要求的部分明细账簿的核算，如"应付账款""累计折旧"等科目的明细账簿等。

多栏式账页在三栏式账页的基础上，根据业务特点和经营管理对财务信息详细程度的需要，对"借方栏"和"贷方栏"记录内容做进一步细化，将其分为若干专栏分别进行登记，以达到按细化程度分别归类汇总的目的，如"生产成本"明细分类账（见表3-2或表3-3）、"管理费用"明细分类账（见表3-4）以及"销售费用"明细分类账等。

表 3-2 "生产成本"明细分类账

会计科目：生产成本——生产二部　　　　　　　　　　产品编码：S-AT**FE1

20××年		凭证		摘要	借方				贷方				借或贷	余额
月	日	种类	编号		合计	原材料	直接人工	制造费用	合计	原材料	直接人工	制造费用		

表 3-3 "生产成本"明细分类账

会计科目：生产成本——生产二部　　　　　　　　　　产品编码：S-AT**FE1

20××年		凭证		摘要	借方				借或贷	余额
月	日	种类	编号		合计	原材料	直接人工	制造费用		

⊖ 具体内容见《轻松做工业会计：实务实账操作》第五章的相关内容。

表 3-4　"管理费用"明细分类账

会计科目：管理费用

20××年		凭证		摘要	借方							借或贷	余额
月	日	种类	编号		合计	工资薪酬	办公费	差旅费	董事会费	折旧费	……		

数量金额式账页也是在三栏式账页的基础上进行改进的，它根据管理的需要，在"借方栏""贷方栏"和"余额栏"原有金额栏目的基础上，分别增设了数量栏和单价栏，便于及时反馈有关单价、金额和数量等方面的对应信息，一般情况下，实物性"存货"类财产物资的明细分类账通常采用数量金额式账页，如表 3-5 所示。

表 3-5　数量金额式账页

会计科目：原材料——发光片
类　　别：R 类发光片　　　　　　　　　　　　　　　　（计量单位：PCS）

20××年		凭证号数	摘要	收入			发出			结存		
月	日			数量	单价	金额	数量	单价	金额	数量	单价	金额

统计台账没有固定的格式，一般根据成本核算与控制管理对信息的需要设置具体项目，从而形成不同的台账格式，如表 3-6 所示的生产领料台账以及表 3-7 所示的工时与产量记录台账等。

表 3-6　生产领料台账

生产部门：生产二部　　　　产品编码：S-AT**FE1　　　　当月投产总量：

序号	领料日期11月	生产单号	领料单号	R 类发光片 X-R002			…	G 类发光片 X-G003			…
				单位	申领数量	实发数量		单位	申领数量	实发数量	
1	1	S1101001	MR××01	PCS	35 500	35 500		PCS	35 500	35 500	

(续)

序号	领料日期11月	生产单号	领料单号	R 类发光片 X-R002			...	G 类发光片 X-G003			...
				单位	申领数量	实发数量		单位	申领数量	实发数量	
2	1	S1101002	MR××02	PCS	27 420	27 420		PCS	27 420	27 420	
3	4	S1104006	MR××06					PCS	24 860	24 860	
4	14	S1114016	MR××16	PCS	42 600	42 600		PCS	42 600	42 600	
...		......	......								

制单：　　　　　　　　　审批：　　　　　　　　　仓库：

表 3-7　工时与产量记录台账

产品信息	名称：XXXX　产品编码：XXXX 单位标准工时：XXX 工时/件			名称：XXX　产品编码：XXX 单位标准工时：XXX 工时/件		
月初在产品信息	数量：XX 件　标准工时：XX 工时/件 实际总工时：XXXX 工时			数量：XX 件　标准工时：XX 工时/件 实际总工时：XXXX 工时		
日期	当月投入生产			当月投入生产		
	数量	实际工时	累计工时	数量	实际工时	累计工时
1～5 日						
6～10 日						
11～15 日						
16～20 日						
21～25 日						
26～30 日						
合计						

3.3　初始数据的记录与检查

当新的会计决算年度开始时或原来的账簿使用完之后，需要将原来的账簿结账归档，同时将原账簿余额转入新启用的相应账簿之中，这样便形成了新账簿初始数据的登记与检查工作。这一工作直接影响着后续成本的计量与计算，是成本核算中比较重要的任务。

登记初始数据相对比较简单，关键在于细心，不出差错。具体做时，通常只需要按照原来确定的账簿形式，将上一会计期间（或原来账簿）的期末结余数转入新的账簿中。

由于本书中是以某年度的 11 月作为新的一个会计期间的，因此在具体处理 11 月的经济业务之前，需要先进行期初数据的登记。以下便是我们根据表 2-12 中的第一行数据登记的相关原材料的初始账簿数据，如表 3-8 所示。

表 3-8　会计科目：原材料

明细分类：B 类发光片　　　　代码：X-B001　　　　　　　（单位：元）

20××年		凭证号数	摘要	收入			发出			结存		
月	日			数量	单价	金额	数量	单价	金额	数量	单价	金额
11	1		期初余额							26 700	0.45	12 015.00

表 3-9 中所示的是根据表 2-15 中的第一款产品数据登记的相关库存商品明细账簿的初始数据。

表 3-9　会计科目：库存商品

明细分类：型号 S-AT**FE1　　　　　　　　　　　　　（单位：元）

20××年		凭证号数	摘要	收入			发出			结存		
月	日			数量	单价	金额	数量	单价	金额	数量	单价	金额
11	1		期初余额							270 450	13.134	3 552 158.40

注：表 2-15 中分生产单号详细列示不同单号同类产品的数据，是为了与平时产品验收入库、录入库存商品明细账的做法相匹配。实务操作中，"收入"各类存货如材料、产品等的明细账是需要区别不同订单或生产单号分别入账的，但由于多数企业发出存货的计价方法采用的是"加权平均法"（本案例也如此），因此平时的"发出"和"结存"栏都只记录数量，而不记录单价和金额；待月末根据期初留存及本月入库资料计算出全月加权平均单位成本之后，再录入本月发出存货和结余存货的单价与金额。故本表中"结存"栏的"数量"和"金额"是根据表 2-15 中商品"S-AT**FE1"的 5 单期初数据汇总得出的，而"单价"则是据此计算的加权平均价格（四舍五入，有一定误差）。

表 3-10 中所示的是我们根据表 2-16 中的两条相关记录以及表 2-23 等资料登记的相关台账的初始数据。

表 3-10 工时与产量记录台账

生产部门：生产二部

产品信息	名称或单号：S1021015 编号：S-BT**WS2 完工标准工时：0.22 工时/件			名称或单号：S1021016 编号：S-AS**WS2 完工标准工时：0.16 工时/件		
月初在产品	数量：415 件 实际工时：510 工时			数量：268 件 实际工时：170 工时		
日　　期	当月投入生产			当月投入生产		
	数　量	实际工时	累计工时	数　量	实际工时	累计工时
1～5 日						
6～10 日						
11～15 日						
16～20 日						
21～25 日						
26～30 日						
合　　计						

初始数据登记之后，务必与原来记录进行核对，以确保记录的正确与完整。

Chapter 04 第 4 章

模拟企业生产成本核算：实务实账操作

4.1 材料、人工等的核算与分配

4.1.1 材料的内涵

采购工作是生产的源头，企业在批量生产前需要向供应商购买材料。材料费用是指企业在生产经营过程中实际消耗的各种材料耗费，主要包括生产材料、辅助材料、实验或检验用品、消耗品、周转材料等。BOM（材料清单），是详细记录一个产品所用到的所有材料及其相关属性的清单，亦即记录母件与所有子件的从属关系、单位用量及其他属性的清单，在某些系统中称为"材料表"或"配方料表"。大海公司的产品物料清单如第 2 章中的表 2-18 ～表 2-22 所示。

企业生产所需材料，除少数自制和委托加工之外，大部分需要通过外购取得。外购取得的方式主要是采用 PO（purchase order），即采购清单来进行。PO 采购流程比较规范，材料编码、供应商信息、采购报价信息、订单、系统收货单等必不可少。外购材料的采购成本一般包括：买价；运杂费；运输途中的合理损耗；入库前的挑选整理费用；由购买方承担的、不能抵扣的税金；等等。

4.1.2 材料的库存管理

材料费用的核算正确与否首先取决于库存管理的健全与否，常见的库存单据有领料单、退料单、入库单、调拨单和报废单等，在库存管理中要注意以下几个方面。

1. 入有凭，出有据

材料的入库、出库（领料）等都需要有必要的入库单、领料单等凭据，以便及时掌握材料的数量、质量、仓储保管与使用等具体情况，有效控制材料的相关成本。实际操作中，任何一次材料的移动与使用，都需要经过必要的审批程序，有相关负责人及经手人的签字记录。

2. 严肃领用制度

为保证材料成本信息的准确无误，实务操作中应严肃材料领用制度：BOM用量应合理恰当，无特殊情况不得随意修改既定好的工单领用量。每份工单应严格按照产品工艺设计确定用量，严控超额领用；此外，还应尽可能做到采购材料及时验收入库、入账，领退料及时审核过账等。

3. 先行估价入账

外购材料时，有时会出现材料采购相关发票单据滞后于材料入库时间的情况，此时为了及时反映企业存货的真实状况，也为了满足发出材料平均单价及总成本的计算需要，可在期末先按照采购订单（PO）的合同价格（或计划价格）进行估价入账，在日后收到发票单据时再据实调整。

4.1.3 材料费用的核算与分配

材料费用的分配分为直接费用分配和间接（共同）费用分配。

1. 直接费用分配

直接费用分配是指生产某种产品直接耗用的材料费用应该直接计入该产品成

本中。材料核算的主要原始凭证是领料单及领料退库单。成本核算人员应根据不同部门的材料领用情况按期进行归类登记,并按照不同产品细分为对应的表格进行汇总,以便于查询各种材料在不同产品生产中的领用数量、单价、金额等相关数据。

如本书第2章中,大海股份有限公司20XX年11月1日为了完成表2-27所列的生产任务单(产品编码为S-AT**FE1),发生的物料清单及领用数量见表2-53所列数据。

假设各类材料的标准单价如表4-1所示。

表4-1 大海股份有限公司相关材料标准单价表(假定)

(金额单位:元)

物料编码	规格型号	标准用量	单位	标准单价	金额
X-R002	R类002	1	PCS	0.07	0.07
X-G003	G类003	1	PCS	0.38	0.38
X-B009	B类009	1	PCS	0.23	0.23
Y-ATF001	2835TF	1	PCS	0.15	0.15
A-002	002A	0.20	g	39.60	7.92
B-002	002B	0.40	m	9.10	3.64
E-001	001E	0.22	g	0.37	0.081 4
E-002	002E	0.30	g	0.35	0.105

根据上述资料可以得出编码为S-AT**FE1的产品2835全彩在当月1日领用材料的金额汇总情况,如表4-2所示。

相应领取材料的会计核算分录为:

借:基本生产成本——(生产二部)2835全彩　447 091.02
　　贷:原材料——X-R002——R类发光片　　　　　2 488.50
　　　　　　——X-G003——G类发光片　　　　　13 509.00
　　　　　　——X-B009——B类发光片　　　　　8 176.50
　　　　　　——Y-ATF001——外壳2835TF　　　　5 332.50
　　　　　　——A-002——辅料002A　　　　　　281 556.00
　　　　　　——B-002——辅料002B　　　　　　129 402.00

——E-001——辅料 001E　　　　　　　　　　　　2 893.77

——E-002——辅料 002E　　　　　　　　　　　　3 732.75

表 4-2　大海股份有限公司领料汇总表

产品编码：S-AT**FE1　　　产品名称：2835 全彩　　　（金额单位：元）

物料编码	材料名称	规格型号	实发数量	单价	金额
X-R002	R 类发光片	R 类 002	35 550	0.07	2 488.50
X-G003	G 类发光片	G 类 003	35 550	0.38	13 509.00
X-B009	B 类发光片	B 类 009	35 550	0.23	8 176.50
Y-ATF001	外壳	2835TF	35 550	0.15	5 332.50
A-002	辅料 A	002A	7 110	39.60	281 556.00
B-002	辅料 B	002B	14 220	9.10	129 402.00
E-001	辅料 E	001E	7 821	0.37	2 893.77
E-002	辅料 E	002E	10 665	0.35	3 732.75
合计					447 091.02

2. 间接（共同）费用分配

间接（共同）费用分配是指对于由几种产品共同耗用的或不应由某一种产品单独承担的实际材料的耗费，按照一定方法和标准在相关产品之间进行相应分配。间接（共同）费用分配的标准选择应合情合理，一般应考虑实际生产方式中影响较为明显的要素，如产品的重量、产量、定额消耗量等。

（1）按重量或产量的比例分配

原材料费用按重量比例分配，是指以产品的重量为分配标准进行分配，一般适用于耗用原材料的数量与产品的重量密切相关的情况，如各种注塑件、铸铁件等的主要材料耗费。

原材料按产量比例分配是指以产品的产量或以不变价格计算的产值为标准进行分配，通常适用于耗用材料的数量与产品产量关系密切的情形。

按照重量或产量比例进行材料费用分配的具体做法如下。

1）先计算费用分配率：

$$费用分配率 = \frac{待分配费用总额}{各产品的重量（产量）之和}$$

2）将不同产品的重量或产量，分别乘以费用分配率，即可得出该产品应该承担的间接费用，即：

某产品应负担的原材料间接费用 = 该产品重量（或产量）× 费用分配率

（2）按材料定额消耗量的比例分配

在材料消耗定额比较准确的情况下，间接性的共同费用也可以按照产品的材料定额消耗量比例来进行分配。

按材料定额消耗量的比例进行分配，是指以各类产品的单位消耗定额为基础，计算出各类产品对某类材料的总定额消耗量，并以此作为分配标准进行分配。材料单位消耗定额是指单位产品消耗的材料数量限额，它是根据企业产品的生产工艺设计以及企业实际的成本控制水平等情况制定的，如第 2 章表 2-18 所列即为大海股份有限公司生产 2835 白光产品（产品编码为 S-AS**WS2）的材料单位消耗定额。材料定额消耗量是指一定产量下按单位消耗定额计算出的材料的总消耗定额数量，即：

某产品原材料定额消耗量 = 该产品产量 × 单位产品原材料消耗定额

$$原材料费用分配率 = \frac{各产品共同耗用的原材料费用}{各产品原材料定额消耗量之和}$$

不同产品应承担的材料费用等于各产品原材料的总消耗定额，分别乘以上述计算出的费用分配率，即：

某产品应负担原材料费用 = 该产品原材料定额消耗量 × 原材料费用分配率

【例 4-1】 某工业企业生产甲、乙两种产品，需同时混合消耗 A、B 两种原料。甲产品原材料单件消耗定额为：A 材料 10 千克，B 材料 5 千克。乙产品原材料单件消耗定额为：A 材料 4 千克，B 材料 6 千克。

某年 5 月，公司甲产品投产 100 件，乙产品投产 200 件。甲、乙两种产品实际消耗 A、B 原料的总量为：A 材料 1 782 千克，每千克单价 2 元，总计 3 564 元；B 材料 1 717 千克，每千克单价 3 元，总计 5 151 元。

则甲、乙两种产品对此共同材料费用的分摊计算过程如下。

（1）计算两种产品各自的定额消耗量

甲产品：

A 材料定额消耗量 = 100×10 = 1 000（千克）

B 材料定额消耗量 = 100×5 = 500（千克）

乙产品：

A 材料定额消耗量 = 200×4 = 800（千克）

B 材料定额消耗量 = 200×6 = 1 200（千克）

（2）计算费用分配率和两种产品各自应承担的共同材料费用

A 材料费用分配率 = 1 782×2÷（1 000+800）= 1.98

甲产品应承担的 A 材料费用 = 1.98×1 000 = 1 980（元）

乙产品应承担的 A 材料费用 = 1.98×800 = 1 584（元）

B 材料费用分配率 = 1 717×3÷（500+1 200）= 3.03

甲产品应承担的 B 材料费用 = 3.03×500 = 1 515（元）

乙产品应承担的 B 材料费用 = 3.03×1 200 = 3 636（元）

根据以上资料，编制原材料费用分配表，如表 4-3 所示。

表 4-3 共同材料费用分配表

20××年 5 月　　　　　　　　　（金额单位：元）

产品名称	产量（件）	A 单耗定额（千克）	定额消耗量	分配金额	B 单耗定额（千克）	定额消耗量	分配金额	分配材料费合计
甲	100	10	1 000	1 980	5	500	1 515	3 495
乙	200	4	800	1 584	6	1 200	3 636	5 220
	分配率 = 1.98			3 564	分配率 = 3.03		5 151	8 715

根据上述"共同材料费用分配表"编制会计分录，并登记有关账户。

借：基本生产成本——甲产品　　　　　　　　3 495

　　　　　　　——乙产品　　　　　　　　5 220

　贷：原材料——A 材料　　　　　　　　　　3 564

　　　　　——B 材料　　　　　　　　　　　5 151

按照大海股份有限公司生产二部的实际生产情况，各种产品领用材料的用量及规格都不一样，因此不存在相互分配的现象，只需要将材料按照不同日期、不同领料单据进行汇总，汇总的方式及表格与"表4-2"中类似，此处不再举例。

材料费用的核算一般按照使用部门进行账户归总处理：直接用于产品生产的各种材料费用，计入"基本生产成本"总账及其所属具体产品类别的明细分类账；用于辅助生产的材料费用，计入"辅助生产成本"总账及其所属项目的明细分类账；用于生产车间一般性消耗的材料费用，计入"制造费用"账户；用于厂部组织和管理生产经营活动等方面的材料费用，计入"管理费用"账户；用于产品销售的材料费用，计入"销售费用"账户。已发生的各种材料费用总额，从"原材料"等账户贷方转出。

4.1.4 人工费用的核算与分配

1. 职工薪酬的内容

职工薪酬是指企业为获得职工提供的服务而给予的各种形式的报酬及其他相关支出，包括职工工资、奖金、津贴补贴、职工福利、医疗保险费、养老保险费、失业保险金、工伤保险和生育保险费等社会保险费，以及住房公积金、职工教育经费、工会经费、非货币性福利、解除与职工的劳动关系所给予的补偿等其他与获得职工提供服务相关的支出。

企业应设置"应付职工薪酬"科目，用以核算企业根据有关规定应该支付给职工或为职工承担的各种薪资酬劳与福利。该科目下设"工资""福利费""工会经费""职工教育经费""住房公积金""社保费""员工辞退补偿"等项目并进行明细核算，各明细科目对应的具体费用内容如表4-4所示。

2. 人工费用的计算

职工薪酬的产生形成了企业的人工费用。实际经济活动中的工资薪酬包括计时工资、计件工资、奖金津贴以及加班加点工资和特殊情况下支付的工资等几种模式，其中最基本的是计时工资制和计件工资制。

表 4-4 "应付职工薪酬"明细科目解释

明细科目名称	具体费用内容
职工薪酬——工资	基本工资，奖金，住房、岗位及年假补贴，加班费，年终双薪
职工薪酬——福利费	补充医疗保险费和补充养老保险费，常备药品费，生病职工探望费，职工医疗费、体检费，其他（节假日礼物、活动费、座谈会费用等）
职工薪酬——工会经费	按计税工资总额的一定比例（如2%）计提部分
职工薪酬——职工教育经费	为员工培训、学习实际发生的费用
职工薪酬——住房公积金	公司承担的住房公积金部分
职工薪酬——社保费	公司承担的基本医疗保险费、养老保险费、工伤保险费、失业保险费、生育保险费等部分

（1）计时工资制

计时工资，是指根据计时工资标准（包括地区生活费补贴）、工资等级和工作时间计算并支付的劳动报酬。根据国家《关于职工全年月平均工作时间和工资折算问题的通知》以及《劳动合同法》的有关规定，计时工资的计算可以再细分为月薪制和日薪制两种。

1）月薪制，即不论各月实际总天数是多少，每月标准工资（全勤工资）不变。员工实际应得工资根据出勤或缺勤（含事假、病假及旷工等）记录进行计算调整，计算公式为：

$$月应付计时工资 = 月标准工资 + 加班工资 - 当月缺勤工资$$
$$= 月标准工资 + 小时工资 \times 加班工时 - 事假及旷工日数 \times 日工资 - 病假日数 \times 日工资 \times 病假扣款率$$

其中：

$$日工资 = 月工资收入 \div 月计薪天数$$
$$小时工资 = 日工资 \div 8 小时$$
$$月计薪天数 = (365-104) \div 12 = 21.75（天）$$

📌 **贴心提示**

上述计算"月计薪天数"的公式中，104天仅指一年中的双休日，而不包括法定节假日。按照国家相关规定，法定节假日也属于计薪日，因此不能扣减。此外，双休日加班应以2倍的日工资标准计付，而法定节假日加班则应以3倍的标准计付。

2）日薪制，即职工计时工资按日薪乘以出勤日数来计算。如果单日出勤不满8小时，则先计算每小时工资，再从日薪中扣除缺勤时间的工资。一般对短期的临时职工的工资适合采用日薪制计算。相关计算公式为：

$$应付计时工资 = 出勤日数 \times 日工资 + 病假日数 \times 日工资 \times \left(1 - 病假扣款率\right) + 加班工资$$

月薪制与日薪制计算方法不完全一致，主要是对出勤时间的衡量标准不同：一个是在假设全勤的基础上倒扣缺勤或请病假事假的时间；一个是直接计算实际出勤时间。由于每个月实际扣除双休及法定节假日后的工作日并不一致，因而月薪制与日薪制计算出来的结果难免有可能不尽相同。相对而言，日薪制更详细精确一些，但略显麻烦。

例如，某厂某工人基本月薪为3 000元，某年5月应出勤23天（按计薪日统计，即不含双休但包含节假日），实际出勤20天，请事假3天。该工人平时晚上加班累计22个小时（假设晚上加班以1.5倍的工资标准计付）。则两种方法计算出来的月计时工资如下。

月薪制下：

日工资 = 3 000 ÷ 21.75 = 137.93（元）

小时工资 = 3 000 ÷（21.75 × 8）= 17.24（元）

当月计时工资 = 3 000 − 137.93 × 3 + 17.24 × 1.5 × 22 = 3 155.13（元）

而日薪制下：

日工资 = 3 000 ÷ 21.75 = 137.93（元）

当月计时工资 = 137.93 × 20 + 17.24 × 1.5 × 22 = 3 327.52（元）

（2）计件工资制

计件工资，是指根据计件单价和每人（或班组）完成的合格品产量（包括合格品和料废不合格品）来计算并支付劳动报酬。上述合格品数量之所以也包括料废不合格品，主要是因为料废不合格品不是操作工人的个人原因造成的，而单纯是由于材料质量不合格造成的，因此不属于生产工人的问题，应照常计付工资。至于因工人的操作原因而报废的产品（俗称"工废品"），则不应该计入支付工资的产量中；甚至对于超过合理工废额度的部分，还应该根据具体原因追究责任者的责任。

实行计件工资的劳动者，在完成计件定额任务之后，由用人单位安排延长工作时间的，理论上也需要分别按照不低于法定工作时间计件单价标准的150%、200%甚至300%的标准支付加班工资。计件工资的计算公式如下：

应付职工（或班组）计件工资 =（合格品数量 + 料废品数量）× 计件单价

3. 人工费用的分配

企业发生的工资费用，需要根据职工薪酬的具体内容并结合受益对象、发生用途等进行归集和分配。会计实务中一般将公司员工分为直接工人、车间管理和辅助人员、研发人员、销售人员、管理人员等。其中，直接工人是指直接从事产品生产操作活动的人员，其工资费用应计入"基本生产成本"或"辅助生产成本"总账及明细账的"工资及福利费"成本项目；车间管理和辅助人员是指那些在车间为一线生产服务，但不直接参与生产操作活动的人员，其工资费用应在"制造费用"账户内进行核算；研发人员主要从事的是产品的进一步研究与开发以及专利技术的研究申报等工作，其工资费用一般在"管理费用"总账及其"研发费用"明细账中进行核算；销售人员（包含售后服务人员）是与企业产品销售与推广活动息息相关的，其工资费用显然应该在"销售费用"账户内进行核算；管理人员则是为维持企业日常经营活动提供保障、指导与服务工作的，其工资、福利等应记入"管理费用"账目中。

当人工费用只是为某一特定项目而产生时，只需根据审核无误后的工资费用凭证（如工资结算单或工资结算汇总表）进行相应账务处理，即根据上述归集原则，将人工费用记入相应账户即可。

如果涉及多个项目或产品共同发生的人工费用，则需要按照一定的标准（如实际工时或定额工时比例等）进行分配。分配方法与本章前述共同材料费用的分配方法类同，即先计算分配率，再计算各个项目应承担的共同性人工费用，具体公式如下：

$$共同项目人工费用分配率 = \frac{共同人工费用总额}{各项目（或产品）实际生产工时（或定额工时）之和}$$

$$某项目（或产品）应负担的人工费用 = 该项目（或产品）实际生产工时（或定额工时） \times 分配率$$

【例 4-2】根据本书第 2 章中表 2-109"工时统计汇总表"，我们可以汇总得出大海股份有限公司 20×× 年 11 月各项产品的当月实际投入工时，如表 4-5 所示。

表 4-5 生产二部当月实际投入生产工时

成品编号	产品名称	当月实际投入工时
S-AS**WS2	2835 白光	19 539
S-CS**WS2	2030 白光	17 155
S-BT**WS2	5050 白光	37 293
S-BT**FE1	5050 全彩	78 453
S-AT**FE1	2835 全彩	85 092
合计		237 532

同时根据第 2 章中表 2-107"工资结算汇总表"，可知该公司生产二部当月生产五种产品的生产工人的应付工资总额为 175 000.00 元。假设我们按照产品的实际生产工时进行人工费用的分配，则生产二部的生产工人工资费用分配率计算如下：

工资费用分配率 = 175 000.00 ÷ 237 532 = 0.736 74

则各产品应承担的生产工人工资费用如表 4-6"生产二部工资费用分配表"所示。

财务上根据"工资费用分配表"编制生产二部生产工人工资分配的相关会计分录，具体如下。

借：生产成本

  ——基本生产成本

    ——生产二部（直接人工）

      ——2835 白光 14 395.16

      ——2030 白光 12 638.75

      ——5050 白光 27 475.33

      ——5050 全彩 57 799.75

      ——2835 全彩 62 691.01

  贷：应付职工薪酬——应付生产二部生产工人 175 000.00

表 4-6 生产二部工资费用分配表

20××年 11 月

产品名称	产品名称	当月实际投入工时	分配率	分配额（元）
S-AS**WS2	2835 白光	19 539		14 395.16
S-CS**WS2	2030 白光	17 155		12 638.75
S-BT**WS2	5050 白光	37 293	0.736 7	27 475.33
S-BT**FE1	5050 全彩	78 453		57 799.75
S-AT**FE1	2835 全彩	85 092		62 691.01
合计		237 532	0.736 7	175 000.00

注：1. 含四舍五入近似计算后的误差。

  2. 由于差距较小，所以此处分配率取小数点后 4 位，分配金额仍然按照小数点后两位计算。

4. 人工费用的其他业务处理

  企业在正确核算职工工资的同时，还应当根据相关规定，为职工缴纳"五险一金"，即医疗保险、养老保险、失业保险、工伤保险、生育保险和住房公积金，并按照职工所在岗位进行分配核算，具体核算账户与一般工资核算相同，此处不再赘述，仅以一例列示。

  【例 4-3】假设某公司按照员工应发工资总额的 2% 提取工会经费，同时按照职工个人缴纳社会保险金额的 1.25 倍计算公司应配套承担的社保费，按照职工个人缴纳的住房公积金等额计算公司应配套承担的住房公积金。该公司某月职工工资与各项代扣款以及公司相应承担的五险一金部分汇总如表4-7所示。

表 4-7 工资及五险一金汇总简表

（单位：万元）

人员类别	个人部分						公司承担部分			
	应发合计	社保扣款	公积金	计税工资	个税	实发金额	各项社保	公积金	工会经费	合计
直接工人	240	12	8	220	3	217	15	8	4.80	27.8
研发人员	180	3.20	3.80	173	8	165	4	3.80	3.60	11.4
销售人员	23	1	1.50	20.50	3	17.50	1.25	1.50	0.46	3.21
管理人员	26	1.20	1.80	23	4	19	1.50	1.80	0.52	3.82
车间管理人员	80	5	4	71	4	67	6.25	4	1.60	11.85
小计	549	22.40	19.10	507.50	22	485.50	28	19.10	10.98	58.08

则财务上据此进行如下会计处理。

1）计算人工费用时：

借：生产成本——直接人工　　　　　　　　2 678 000.00

　　（即 2 400 000.00 + 278 000.00）

　　研发支出——费用化支出（工资）　　　1 914 000.00

　　（即 1 800 000.00 + 114 000.00）

　　销售费用——工资　　　　　　　　　　 262 100.00

　　（即 230 000.00 + 32 100.00）

　　管理费用——工资　　　　　　　　　　 298 200.00

　　（即 260 000.00 + 38 200.00）

　　制造费用——工资　　　　　　　　　　 918 500.00

　　（即 800 000.00 + 118 500.00）

　贷：应付职工薪酬——工资　　　　　　　5 490 000.00

　　　其他应付款——工会经费　　　　　　 109 800.00

　　　　　　　——社保费　　　　　　　　 280 000.00

　　　　　　　——住房公积金　　　　　　 191 000.00

2）实际发放工资时：

借：应付职工薪酬——工资　　　　　　　　5 490 000.00
　　贷：应交税费——应交个人所得税　　　　　　　220 000.00
　　　　其他应付款——代扣代缴社保　　　　　　　224 000.00
　　　　　　　　　——代扣代缴住房公积金　　　　191 000.00
　　　　银行存款　　　　　　　　　　　　　　　4 855 000.00

4.2 其他费用的核算与分配

4.2.1 外购动力费用的核算与分配

动力费用是指企业生产经营过程中耗用的电力、燃料、蒸汽等费用，包括外购和自制两部分。动力费用的核算一般按照用途进行分类归集。其中，生产流程中所耗用的动力费用，由于直接用于产品生产，因此应记入"基本生产成本"总账及相应下属的"燃料及动力"明细账中；组织管理生产所耗用的动力费用，如车间或行政管理部门的照明、取暖用电等，应分别记入"制造费用"或"管理费用"总账及相应下属的"燃料及动力"明细账中。

动力费用具体金额一般是根据计量仪器仪表确定各产品、各部门的实际耗用量，再乘以单价进行归集的。外购动力的单价可根据供应部门收取的动力费总额除以各仪表对应期间计量数据总和而得到；自制动力的单价则为辅助生产车间（动力车间）的单位成本。企业各车间、各部门的动力费用，一般都可以按照仪表分表的计量数据计算得出。需要各种产品或数个部门共同承担的动力费用，则应该按照一定的分配标准（如产品的机器工时或马力工时、人工工时、定额耗用量等）进行必要的分摊，其计算公式如下：

$$动力费用分配率 = \frac{各产品共同耗用的动力费用}{各产品机器工时（或马力工时等）之和}$$

某产品应负担的动力费用 = 该产品机器工时（或马力工时等）× 动力费用分配率

【例 4-4】本书案例公司设备部提供的公司当年 11 月各车间、部门用电数量如表 2-110 所示（总用电 396 000 千瓦时，不含税金额为 348 480.00 元）。则：

用电单价 = 348 480.00 ÷ 396 000 = 0.88 元 / 千瓦时

生产二部分摊的电力费用 = 84 600 × 0.88 + 3 200 × 0.88

= 74 448.00 + 2 816.00

= 77 264.00（元）

其中，生产用电 84 600 千瓦时，应分摊电费 74 448 元；生产管理用电 3 200 千瓦时，应分摊电费 2 816 元，合计生产二部共需分摊 77 264 元电费。

该部门当期共生产 5 种产品，则直接生产用电的 74 448 元电费需要在这 5 种产品之间合理分摊。假设按照实际工时进行分配。结合本章 4.1.4 "人工费用的内容及核算"中表 4-5 内的数据，生产二部 5 种产品 11 月应分别承担的电力费用分配计算如表 4-8 所示。

表 4-8 生产用电费用分配表

（金额单位：元）

成品编码	产品名称	外购电力分配		
		当月实际工时	分配率	应摊费用
S-AS**WS2	2835 白光	19 539	74 448 ÷ 237 532 =0.3134	6 123.97
S-CS**WS2	2030 白光	17 155		5 376.77
S-BT**WS2	5050 白光	37 293		11 688.49
S-BT**FE1	5050 全彩	78 453		24 588.98
S-AT**FE1	2835 全彩	85 092		26 669.79
合计		237 532		74 448.00

注：1. 表中"应摊费用"含四舍五入产生的误差。

2. 由于差距较小，所以此处分配率取小数点后 4 位，分配金额仍然按照小数点后两位计算。

相应的涉及生产二部电力费用的会计分录为：

借：基本生产成本

——生产二部（直接成本）

——2835 白光   6 123.97

	——2030 白光	5 376.77
	——5050 白光	11 688.49
	——5050 全彩	24 588.98
	——2835 全彩	26 669.79
制造费用——生产二部（电力费用）		2 816.00
贷：应付账款——应付外购电力		77 264.00

4.2.2 折旧费用的核算与分配

折旧费用是指企业所拥有或控制的固定资产在使用过程中发生的价值损耗。企业除了经营性租入的固定资产、在建而未完工交付的固定资产、已提足折旧仍继续使用或未提足折旧但提前报废的固定资产以及其他规定不需计提折旧的特定固定资产之外，其余所有的固定资产，无论是否使用，均应按照既定的方法和折旧年限计提折旧。

通常，当月新增固定资产，当月不计提折旧，而一律从次月开始计提折旧；反之，当月报废或处置的固定资产，当月依然需要计提折旧，从次月起再停止计提折旧。这是为了便于日常核算中，可以在各月月初计算出当月应承担的固定资产折旧额（即以月初固定资产原值为基数进行应计折旧的计算），从而减少月末大量的核算工作压力。

由于企业的各个生产部门所生产的零部件或产品不同，各职能部门服务的对象和职责不同，其各自配备的机器设备等也是不尽相同的，所以折旧费用必须按照具体的使用部门进行归集，以便正确计算各部门的固定资产使用成本。

固定资产折旧费用的归集，通常是采用折旧计算表（如第 2 章中的表 2-112）的形式进行的，按照其经济用途和使用车间或部门分别计入各有关账户的综合费用中。以表 2-112 中"房屋建筑"类别的固定资产折旧数据为例，其会计分录可以归纳如下：

借：制造费用——生产一部——折旧费　　　　　7 692.25
　　　　　　——生产二部——折旧费　　　　　12 019.20
　　　　　　——生产三部——折旧费　　　　　6 213.20
　　辅助生产费用——设备部——折旧费　　　　2 403.83
　　　　　　　　——品保部——折旧费　　　　1 923.06
　　管理费用——折旧费　　　　　　　　　　　11 208.88
　　销售费用——折旧费　　　　　　　　　　　3 612.90
　贷：累计折旧——房屋建筑　　　　　　　　　45 073.32

4.2.3 跨期摊配费用的内涵与核算

跨期摊配费用，是指应由数个会计期间共同负担、共同分摊的费用，具体包括"待摊费用"和"预计费用"两类。实务中主要采用两种处理方法。

一是增补法，企业在采用权责发生制原则进行账务处理时，如确有需要单独核算待摊和预计业务的，可以在新准则已设置的"长期待摊费用"科目之外，根据需要增设"待摊费用"和"预提费用"科目，以便核算相应的经济业务。在期末编制财务报表时，将这两个科目的期末余额分别计入"其他流动资产"和"其他流动负债"项目，并在报表附注中做必要的说明。

二是分流法，即根据涉及待摊费用或预计费用的具体内容的不同情况，将其分散计入其他含有相近内容的账户中，如表 4-9 和表 4-10 所示。

表 4-9　"待摊费用"的分流处理

摊销期限	分流处理方法
超过一年或期限无法确定	计入"长期待摊费用"和"预计负债"
不超过一年（含一年）	低值易耗品：计入"周转材料——低值易耗品——摊销"明细科目的借方
	固定资产修理费用：计入"管理费用"或"销售费用"
	预付保险费、印花税、预付经营租入固定资产租金以及需分期摊销的报刊费用，计入"预付账款"科目

表 4-10　原"预提费用"的分流处理

预提内容	分流处理方法
预提租金、保险费、应付水电费	计入"其他应付款"
预提借款利息	长期借款：计入"长期借款——利息调整"
	短期借款：计入"应付利息"
预提产品售后维修保证基金	计入"预计负债"

4.3　辅助生产费用的核算与分配

4.3.1　辅助生产费用的归集

辅助生产费用是指辅助生产车间从事相应活动时所产生的各类费用。而辅助生产车间是指企业内部为基本生产部门和其他职能部门提供劳务服务或产品生产服务的一类特定部门，一般存在两种类型：一是单品种辅助生产车间，即主要只提供一种产品或劳务服务，如供电、供水、供汽及提供运输服务等的部门；二是多品种辅助生产车间，如工具车间、模具车间、备件加工车间、机修车间等涉及多种产品或多种劳务服务的部门。辅助生产车间提供的产品或劳务虽然有时也对外销售，但这不是它的主要任务，其根本任务是服务于企业基本生产和管理工作的需要。

辅助生产车间所发生的各项费用称为辅助生产费用，构成了辅助生产产品或劳务服务的成本。为了正确核算这些费用，需要设置"辅助生产成本"总分类账户及其明细分类账户，以便确认不同产品服务或劳务服务的成本，并在不同受益者之间进行分配。

如果辅助生产车间提供的部分产品需要入库或对外销售，则对该类产品使用恰当的成本核算方法，计算出产品的单位成本，在从辅助车间结转入库时，借记"备品备件""自制半成品"或"低值易耗品"等科目，贷记"辅助生产成本"科目。在日后其他部门领用或对外销售时，再根据领用部门或对外销售的数量进行成本结转，借记"制造费用""管理费用""销售费用""其他业务成本"等科目，贷记"备品备件""自制半成品"或"低值易耗品"等科目。

如果辅助生产车间所提供的是直接劳务或直接被生产和管理等部门消耗的，

如供电、供水、供气、机修、运输等服务，则其所发生的各项辅助生产费用，应先在"辅助生产成本"科目中归集，再按照一定的方法和分配标准在各个受益对象之间进行分配。

4.3.2 辅助生产费用的分配

对于辅助生产车间提供的直接为生产和管理部门所消耗的劳务，企业可根据其辅助生产情况及辅助生产费用的特点，采用不同的方法在受益者之间进行分配。分配一般应遵循"谁受益谁承担，多受益多承担，不受益不承担"的原则，分配方法力求合理、简便、易行。在实际工作中，通常借助于编制"辅助生产费用分配表"进行分配。分配的主要方法有：直接分配法、交互分配法、顺序分配法、代数分配法、计划成本分配法等。为便于介绍这些主要方法时举例，以下先根据本书第2章中模拟企业实务实账操作的资料汇总得出两个辅助生产车间的相关耗费数据，如表4-11和表4-12所示。

表4-11　大海股份有限公司辅助生产车间（设备部）费用汇总

科目名称：生产成本——辅助生产成本——设备部　　　　　　20××年11月

项目	借方	数据来源
培训、办公用品、工具器具、差旅、招待等费用	12 290.00	表2-113 发生总额
分配材料	9 463.45	表2-88 至 表2-93 及 表2-12、表2-13、表2-24、表2-25 计算而得
计提人工工资	25 132.80	表2-107、表2-108 计算而得
分配电费	14 784.00	表2-110 及电费总额计算而得
分配水费	416.00	表2-111 及水费总额计算而得
计提设备折旧	3 708.09	表2-112
合计	65 794.34	

表4-12　大海股份有限公司辅助生产车间（品保部）费用汇总

科目名称：生产成本——辅助生产成本——品保部　　　　　　20××年11月

项目	借方	数据来源
培训、办公用品、工具器具、差旅、招待等费用	11 050.00	表2-115 发生总额

(续)

项目	借方	数据来源
分配材料	6 435.15	表 2-94 至 表 2-101 及 表 2-12、表 2-13、表 2-24、表 2-25 计算而得
计提人工工资	40 369.56	表 2-107、表 2-108 计算而得
分配电费	11 264.00	表 2-110 及电费总额计算而得
分配水费	384.00	表 2-111 及水费总额计算而得
计提设备折旧	3 878.60	表 2-112
合计	73 381.31	

1. 直接分配法

该方法不考虑辅助生产车间相互之间耗用对方劳务的情况,即将辅助生产车间所发生的全部费用一律当作是为其他非辅助生产车间提供服务而产生的,因而直接分配给辅助生产车间以外的其他各受益部门。其计算公式为:

$$某辅助生产车间费用分配率 = \frac{该辅助生产车间待分配费用}{辅助生产车间以外受益单位耗用劳务总量}$$

$$某受益单位应承担的辅助生产费用 = 该受益单位耗用辅助生产车间劳务量 \times 分配率$$

【例 4-5】本书模拟企业大海股份有限公司两个辅助生产车间——设备部和品保部,其当年 11 月直接发生的辅助生产耗费总额见表 4-11 和表 4-12,两个车间的服务工时数据分别见第 2 章中的表 2-114 和表 2-116。

按照直接分配法进行分配时的具体做法如表 4-13 所示。

表 4-13 辅助生产费用分配表(直接分配法)

20×× 年 11 月 (金额单位:元)

项目			设备部	品保部	合计
待分配辅助生产费用			65 794.34	73 381.31	139 175.65
供应辅助生产以外的劳务数量(工时)			640 – 50=590	1 280	1 870
单位成本(分配率)			111.52	57.33	
基本生产车间	生产一部	耗用数量(工时)	156	352	508
		分配金额	17 397.12	20 180.16	37 577.28

(续)

项目			设备部	品保部	合计
基本生产车间	生产二部	耗用数量（工时）	210	420	630
		分配金额	23 419.20	24 078.60	47 497.80
	生产三部	耗用数量（工时）	162	508	670
		分配金额	18 066.24	29 123.64	47 189.88
行政管理部门		耗用数量（工时）	62		62
		分配金额	6 911.78	−1.09（误差）	6 910.69
合计分配费用			65 794.34	73 381.31	139 175.65

注：计算误差一律归入管理费用；小数点后保留两位小数。

相应分配的会计分录为：

借：制造费用——生产一部——辅助生产费用　　37 577.28
　　　　　　——生产二部——辅助生产费用　　47 497.80
　　　　　　——生产三部——辅助生产费用　　47 189.88
　　管理费用——辅助生产费用　　　　　　　　6 910.69
　　贷：辅助生产费用——设备部　　　　　　　　　　65 794.34
　　　　　　　　　　——品保部　　　　　　　　　　73 381.31

采用直接分配法，各辅助生产车间的费用只对辅助生产车间以外的受益部门进行分配，一次即可完成，方法简便易行。但如果辅助生产车间相互之间耗费对方劳务的程度较多，这种分配结果显然就不够准确和合理。因此该方法一般适用于辅助生产车间相互提供劳务较少或交互分配费用相差不大的企业。

2. 交互分配法

有时，辅助生产车间相互之间提供劳务或服务的数量可能很多，如供暖车间除了向基本生产车间及其他行政、销售等部门供暖之外，也需要向运输部门、机修车间等辅助车间供暖，而机修车间除了为基本生产车间及其他行政、销售等部门提供维护与修理服务之外，也需要为供暖车间等辅助车间提供机器维护与修理服务。这些辅助车间相互服务的数量有时并不少,采用直接分配法,忽略辅助车间的相互耗费就显得不太合适。

交互分配法,也称为"一次交互分配法",是指在向其他受益单位分配费用之前,各辅助生产车间之间先相互分配计算彼此提供或享受劳务与服务的费用,并在此基础上对本车间辅助生产费用总额进行调整,然后再向辅助车间以外的其他受益单位(如基本生产车间、管理与销售部门等)进行费用分配的方法。

该方法可以归纳为两个步骤。第一步是在各辅助生产车间之间进行交互分配,先根据辅助车间直接汇总的费用总额与提供的总的劳务与服务量,计算出该车间单位劳务与服务量成本;再根据辅助车间相互提供或享受的劳务与服务量数额,乘以单位劳务与服务量成本,计算出该车间应分配到其他辅助车间的费用以及应承担其他辅助车间提供的劳务与服务费用,即:

$$某辅助生产车间费用交互分配率 = \frac{该辅助生产车间待分配费用总额}{辅助生产车间直接提供的劳务或服务总量}$$

调整后的辅助车　　该车间待　　交互分配转入费用(即　　交互分配转出费用(即
间费用(即对外　=　分配费用　+　享受其他辅助车间劳务　−　提供给其他辅助车间的
分配费用总额)　　总额　　　　与服务应承担的费用)　　劳务与服务的费用)

第二步是将调整后的辅助车间费用向辅助车间以外的其他受益部门进行分配,具体方法与直接分配法相同。

【例 4-6】延续前面【例 4-5】,假设此时采用交互分配法进行分配,具体做法如表 4-14 "辅助生产费用分配表"所示。

表 4-14 辅助生产费用分配表(交互分配法)

20×× 年 11 月　　　　　　　　(金额单位:元)

项目		设备部			品保部			合计
		数量	分配率	分配金额	数量	分配率	分配金额	
待分配辅助费用总额		640	102.80	65 794.34	1 280	57.33	73 381.31	139 175.65
交互分配	设备部							
	品保部	50		−5 140.00			+5 140.0	

(续)

项目			设备部			品保部			合计
			数量	分配率	分配金额	数量	分配率	分配金额	
调整后对外分配费用总额			590	102.80	60 654.34	1 280	61.34	78 521.31	139 175.65
对外分配	基本生产车间	生产一部	156		16 036.80	352		21 591.68	37 628.48
		生产二部	210		21 588.00	420		25 762.80	47 350.80
		生产三部	162		16 653.60	508		31 160.72	47 814.32
	行政管理部门		62		6 375.94			6.11（误差）	6 382.05
	合计		590		60 654.34			78 521.31	139 175.65

注：计算误差一律归入管理费用。

相关会计分录如下。

1）辅助车间之间交互分配时：

借：辅助生产成本——品保部　　　　　　　　　　5 140.00

　　贷：辅助生产成本——设备部　　　　　　　　　　5 140.00

2）辅助生产车间对外分配时：

借：制造费用——生产一部——辅助生产费用　　37 628.48

　　　　——生产二部——辅助生产费用　　47 350.80

　　　　——生产三部——辅助生产费用　　47 814.32

　　管理费用——辅助生产费用　　　　　　　　　6 382.05

　　贷：辅助生产费用——设备部　　　　　　　　　　60 654.34

　　　　——品保部　　　　　　　　　　78 521.31

交互分配法弥补了直接分配法的不足，考虑了各辅助车间内部相互提供劳务的情况，并按受益多少进行交互分配，方法比较合理。但是，如果企业实行的是厂部、车间两级核算制度，则各个车间只有等到财务部门转来其他车间各项分配过来的费用金额，才能计算出本车间的实际费用，这在一定程度上影响了成本核算的及时性。因此该方法通常适用于各辅助生产车间相互提供劳务量大、信息传递较为迅速的企业。

3. 顺序分配法

顾名思义，顺序分配法就是按照一定的顺序进行辅助生产费用的分配。从原理上讲，这种方法相当于直接分配法与交互分配法的融合，既考虑了辅助生产车间相互提供劳务或服务而应承担对方一定的费用，又体现了直接分配法简便易行的特点。顺序分配法的具体做法是：先将所有辅助车间按照相互之间受益量的大小排序，受益少的辅助车间排在前面；然后各辅助车间将其所发生的生产费用（加上排在其前面的辅助车间分配来的费用），按照直接分配法的做法，一次性分配到排在其后的各辅助车间以及其他受益部门即可，如图4-1所示。

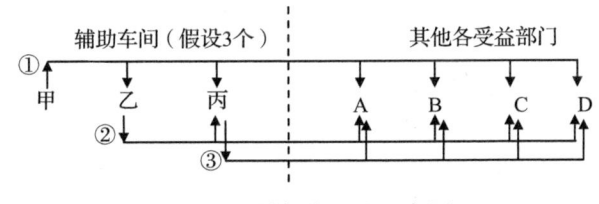

图4-1　顺序分配法程序图

注：甲、乙、丙三个辅助生产车间相互提供劳务，其中甲受益最少排在最前面，乙受益次之居中排列，丙受益最多排在最后。甲先将本车间生产费用按照直接分配法，分配转入其后的乙、丙，以及A、B、C、D等共六个受益部门中；乙再将本车间生产费用加上甲车间分配转入的费用，一起按照直接分配法，分配转入其后的丙以及A、B、C、D等共五个受益部门中；最后，丙将本车间生产费用加上甲、乙两个车间分别分配转入的费用一起，按照直接分配法，分配转入A、B、C、D等四个受益部门即可。

本书模拟案例中有两个辅助生产车间——设备部和品保部，由于设备部没有消耗品保部所提供的服务，因此它排在最前面，将本部门所发生的65 794.34元费用在品保部及其他非辅助生产部门之间分摊；品保部则在本部门所发生的73 381.31元直接费用的基础上，加上设备部分配过来的5 140.00元一起，分配到所有非辅助生产部门。这一结果正巧与上述交互分配法结果相同，此处不再重复列示。

4. 代数分配法

代数分配法是指运用数学中多元一次联立方程组求解的原理，直接计算出各辅助生产车间劳务服务的单位成本，再根据辅助车间之外的其他受益单位实际享受的劳务服务量分配辅助生产费用的方法。

【例 4-7】仍延续前面【例 4-5】，假设此时采用代数分配法进行分配。

令：设备部每单位服务工时的成本为 x，品保部每单位服务工时的成本为 y。

则根据资料，设立联立方程如下：

$$\begin{cases}(640-50)x = 65\,794.34 - 50x \\ 1\,280y = 73\,381.31 + 50x\end{cases}$$

求解得：$x = 102.803\,7$

$y = 61.344\,9$

编制"辅助生产费用分配表"，如表 4-15 所示。

表 4-15　辅助生产费用分配表（代数分配法）

20××年 11 月　　　　　　　　　　　（金额单位：元）

辅助生产车间			设备部	品保部	合计
分配率			102.803 7	61.344 9	
基本生产车间	生产一部	耗用数量	156	352	
		分配金额	16 037.37	21 593.41	37 630.78
	生产二部	耗用数量	210	420	
		分配金额	21 588.78	25 764.86	47 353.64
	生产三部	耗用数量	162	508	
		分配金额	16 654.20	31 163.21	47 817.41
行政管理部门		耗用数量	62		
		分配金额	6 373.83	-0.01	6 373.82
合计			60 654.18	78 521.47	139 175.65

相关会计分录同上例。

代数分配法运用数学的方法同步计算各辅助车间提供产品或劳务服务的单位成本，分配结果最精确。但如果企业辅助部门较多，则计算将变得较为复杂，工作量较大。因此一般适用于辅助生产车间不多或采用计算机进行成本核算的企业。

5. 计划成本分配法

计划成本分配法多用于管理比较规范且日常采用计划成本进行核算的企业。

具体操作通常分以下两步进行。

第一步：按照辅助生产车间提供产品或劳务的计划单位成本和各受益对象的实际耗用量进行分配，包括分配给其他辅助车间（交互分配）和辅助车间以外的受益部门（对外分配）。

第二步：计算辅助车间直接发生的费用总额与第一步交互分配后所增加的费用之和（即"实际费用"），以及该实际费用与按计划成本分配转出费用总额的差额，并将此差额全部计入"管理费用"或对外追加分配到各辅助生产车间以外的其他受益部门。

【例4-8】继续延续前面【例4-5】，假设此时采用计划成本分配法进行分配。相应的单位计划成本分别为：设备部单位计划成本为100元/工时，品保部单位计划成本为60元/工时，根据这些资料，可以计算并编制"辅助生产费用分配表"，如表4-16所示。

表4-16　辅助生产费用分配表（计划成本分配法）

20××年11月　　　　　　　　　　（金额单位：元）

辅助生产车间			设备部	品保部	合计
待分配费用			65 794.34	73 381.31	139 175.65
劳务供应量			640	1 280	
计划单位成本			100	60	
辅助生产车间	设备部	耗用数量			
		分配金额			
	品保部	耗用数量	50		
		分配金额	5 000		5 000
基本生产车间	生产一部	耗用数量	156	352	
		分配金额	15 600	21 120	36 720
	生产二部	耗用数量	210	420	
		分配金额	21 000	25 200	46 200
	生产三部	耗用数量	162	508	
		分配金额	16 200	30 480	46 680
行政管理部门		耗用数量	62		
		分配金额	6 200		6 200

（续）

辅助生产车间	设备部	品保部	合计
按计划成本分配金额合计	64 000	76 800	140 800.00
辅助生产实际费用	65 794.34	73 381.31	139 175.65
辅助生产成本差异	1 794.34	-3 418.69	-1 624.35

相关会计分录如下。

1）按计划成本分配：

借：辅助生产费用——品保部　　　　　　　　　5 000
　　制造费用——生产一部——辅助生产费用　　36 720
　　　　　　——生产二部——辅助生产费用　　46 200
　　　　　　——生产三部——辅助生产费用　　46 680
　　管理费用——辅助生产费用　　　　　　　　6 200
　　贷：辅助生产费用——设备部　　　　　　　　　　64 000
　　　　　　　　　　——品保部　　　　　　　　　　76 800

2）将分配差异计入"管理费用"：

借：辅助生产费用——品保部　　　　　　　　　3 418.69
　　贷：辅助生产费用——设备部　　　　　　　　　　1 794.34
　　　　管理费用——辅助生产费用　　　　　　　　　1 624.35

计划成本分配法按事先制定的计划单位成本进行分配，既能简化分配时的计算工作，又能弥补一次性交互分配法不够及时的缺陷，加快分配速度，同时还有助于划清各车间部门的经济责任，便于成本考核分析。但这种方法分配的结果会受到计划成本准确与否的影响，若计划成本与实际费用偏离较大，便会产生较多的分配差异，影响分配结果的准确性。因此，该方法适用于计划成本资料比较健全、计划单价比较精准、成本核算管理基础较好的企业。

4.4 制造费用的核算与分配

各生产车间发生的非直接产品生产耗费，一般在"制造费用"科目内进行归集,期末转入"基本生产成本"或"辅助生产成本"账户中,由该车间的全部产品来承担。如果该车间只生产一种产品,则归集的制造费用可直接转入该种产品的生产成本;如果该车间生产多种产品,则归集的制造费用就需要采用适当的分配标准分配转入各种产品的生产成本明细账中。

制造费用的分配标准一般有生产工时比例、生产工人工资比例、机器工时比例和按年度计划分配等。分配标准一经确定,一般不应随意变更。

1. 按照实际用量进行分配

以生产的人工工时、生产工人工资、机器工时等作为分配标准的,都属于按照实际用量进行分配的范畴。

其中,按照各产品消耗生产人工工时来分配制造费用,将劳动生产率同产品费用水平联系起来,这样得到的分配结果比较合理,而且分配标准所需的工时资料较易取得,所以在实际工作中会较多地被采用。但如果企业各种产品的机械化利用程度相差悬殊,则不宜采用此法。因为这会使机械化程度较低的产品由于工时多而负担较多的、含有折旧费用及动力费用等的制造费用,从而显得不尽合理。因此一般只有在机械化程度普遍较低或各种产品机械化水平大致相同的车间,方可按照工人工时比例进行制造费用的分配。

按照生产工人工资的比例进行分配的方法与按照生产工时比例分配的原理基本相同。特别是当工人工资按照工时计算时,这两种方法实际上便完全相同,因此适用情况也大致相同。

而按照机器工时比例分配,其方法与上述两种分配标准的做法一致,不同之处在于这种方法一般适用于机械化程度比较高或各种产品机械化水平参差不齐的情况。

制造费用分配的一般计算公式为:

$$制造费用分配率 = \frac{本期制造费用总额}{各产品分配标准(生产工时、工资、机器工时、定额工时)之和}$$

某产品应分配的制造费用 = 该产品分配标准发生额 × 制造费用分配率

由于上述这些做法与共同材料及人工费用的分配方法基本一样,为避免简单重复,此处不再举例,读者可参阅本章第4.1.4节"人工费用的核算与分配"。

2. 计划分配率法

计划分配率法,也称为预定分配率法,是指按照年度制造费用预算数及年度预计产量的定额标准,计算分配制造费用的方法。具体操作时,各月份先按照既定的计划分配率计算分配制造费用,年末再一次性将累计分配的制造费用与实际归集的制造费用之间的差额按已分配数的比例在各产品之间进行调整。即:

$$制造费用计划分配率 = \frac{年度制造费用预算额}{年度各产品计划产量的定额费用标准之和}$$

$$某产品某月应承担制造费用 = 该产品当月定额费用 \times 制造费用计划分配率$$

上述公式中的"定额费用标准"可以是生产工人的定额工时或定额工资,也可以是使用机器的定额机器工时。

$$年末差额分配率 = \frac{全年实际制造费用 - 全年累计按计划分配的制造费用}{全年各产品按计划累计分配的制造费用}$$

$$某产品应负担的差额 = 该产品全年按计划累计分配的制造费用 \times 差额分配率$$

若应负担的差额为正数,即制造费用实际发生额大于计划分配额,会计核算时应调增相应产品分配的制造费用;若应负担的差额为负数,即制造费用实际发生额小于计划分配额,则用红字冲减相应产品分配的制造费用。

对于季节性生产的企业,由于每月产品的实际生产量可能相差悬殊,如果采用一般的制造费用分配方法,因其中固定成本的存在与影响,可能造成产量低的月份产品需负担非常高的制造费用,单位成本明显加大,不利于核算与管理。这种情况下可以考虑采用计划分配率法,以均衡产品单位成本。

【例4-9】某公司为季节性生产企业,假设其中某车间生产甲、乙、丙三种产品。该车间当年前11个月累计发生制造费用455 000元,累计分配制造费用435 000元。该车间12月相关资料如表4-17所示。

表 4-17 某车间 12 月制造费用资料

	年度计划产量	单位定额工时	12 月实际产量	年度制造费用预算总额 510 000 元	12 月实际制造费用 60 000 元
甲	2 200	20	400		
乙	3 800	10	500		
丙	2 200	40	300		

则：

年度计划制造费用分配率 = 510 000 ÷（2200×20+3800×10+2200×40）= 3

当月应分配制造费用的金额及会计分录为：

借：生产成本——基本生产成本
　　　　——甲产品　　24 000（即 400×20×3）
　　　　——乙产品　　15 000（即 500×10×3）
　　　　——丙产品　　36 000（即 300×40×3）
　　贷：制造费用——某车间　　　　　　　　75 000

该车间当年制造费用差额 =（455 000-435 000）+（60 000-75 000）
　　　　　　　　　　　= 5 000（元）

年末差额分配率 = 5 000 ÷（2 200×20+3 800×10+2 200×40）= 0.029 412

则年末调整车间制造费用分配的金额为：⊖

甲产品应承担调整额 = 2 200×20×0.029 412 = 1 294.12（元）

乙产品应承担调整额 = 3 800×10×0.029 412 = 1 117.65（元）

丙产品应承担调整额 = 2 200×40×0.029 412 = 2 588.23（元）

调整的会计分录为：

借：生产成本——基本生产成本——甲产品　　1 294.12
　　　　　　　　　　　　——乙产品　　1 117.65
　　　　　　　　　　　　——丙产品　　2 588.23
　　贷：制造费用——某车间　　　　　　　　5 000.00

⊖ 制造费用的分配按所占比进行四舍五入。

4.5 废品及停工损失的核算与分配

4.5.1 废品损失的核算与分配

废品是指不符合规定的质量、技术标准，不能按照其原定用途加以利用或需要加工修复后才能使用的各种产成品、在制品、半成品和零部件等。

废品按其修复的技术可能性和经济合理性，分为可修复废品和不可修复废品两种。可修复废品是指同时具备技术上可修复并且修复费用经济合算的废品；否则即为不可修复废品。

会计核算中的废品损失，一般单指生产过程中造成废品的损失，包括可修复废品的修复费用和不可修复废品的生产成本。对于产品销售后出现的不合格品，实际工作中为简化核算，将因此产生的售后"三包"费用（包括修理费、退换产品的运杂费、退回不合格品的净损失）直接计入该不合格品事项发现当期的"销售费用"中。除此之外，下列情况造成的损失也不包括在废品损失之内：一是因保管不善、运输不当或其他原因使合格品损坏变质所带来的损失；二是经质检部门鉴定无须返修、可以降价出售或使用的次品、等外品等因降价带来的损失。前者在追究相关责任人的赔偿责任之后，超过责任人赔偿的部分，相应记入"管理费用"或"营业外支出"科目；后者则按照正常销售或使用处理。

可修复废品返修以前发生的生产费用，不属于废品损失，仍应记在"基本生产成本"及其所属明细账中；在返修过程中发生的所有修复费用，则应根据注明"返修品用"的领料单、工作通知单等凭证，编制各种费用分配表，并据此借记"废品损失"成本账目，贷记"原材料""应付职工薪酬"等科目。

不可修复废品发生的生产费用，属于废品损失。但不论可修复废品还是不可修复废品，如果存在有残料收回或有应收的赔偿款，就应根据残料交库单和结算凭证将收回的残料价值和应收赔偿款冲减"废品损失"，即借记"原材料"或"其他应收款"账户，贷记"废品损失"账户。期末，将归集在"废品损失"账户的借方余额（即净损失）转入"基本生产成本"及其所属明细账中，作为当期产品生产成本的增加。

【例4-10】某公司铸造车间在产品质检中，发现10件阀门铸件出现了不同程度的砂眼、气孔和飞边，经鉴定属于可修复废品。修复时实际耗用材料640元，耗用100工时（人工费用分配率为4.56元/工时，制造费用分配率为2.10元/工时），修复过程中回收残料（已入库）40元，应由废品责任人王某赔偿380元。则根据相关凭证可编制如下会计分录。

1）计算并归集修复费用：

直接人工 =100×4.56=456（元）

制造费用 =100×2.10=210（元）

借：废品损失——铸造车间　　　　　　　　　　1 306

　　贷：原材料　　　　　　　　　　　　　　　　640

　　　　应付职工薪酬　　　　　　　　　　　　　456

　　　　制造费用　　　　　　　　　　　　　　　210

2）结转残料及责任人赔偿：

借：原材料　　　　　　　　　　　　　　　　　　40

　　其他应收款——王某　　　　　　　　　　　　380

　　贷：废品损失——铸造车间　　　　　　　　　420

3）计算并结转废品净损失：

废品净损失 = 修复费用1306 – 残料残值40 – 责任人赔偿380 = 886（元）

借：基本生产成本——铸造车间（某铸件）　　　886

　　贷：废品损失——铸造车间　　　　　　　　　886

4.5.2　停工损失的核算与分配

企业出现停工的原因有很多种，一般可以归纳为计划内停工和计划外停工。计划内停工是有计划的既定性质的停工，如季节性停工和机器设备定期大修理期间的停工。这类停工常常属于生产经营中的一个必然过程，因此停工期间发生的必要开支也应在发生时根据所属部门相应记入"管理费用"或"制造费用"账户中。因临时停电、短时待料、机器设备小故障等造成的停工不满一个工作日的损失，出于简化核算的目的，也分别按部门相应记入"管理费用"或"制造费用"账户中。

而计划外停工通常是因各种事故意外造成的较长时间的停工，如停电、待料、机器设备故障、发生非常灾害等造成的停工。这类停工期内发生的各项费用如材料、燃料费用、人工费用和应分摊的制造费用等，形成了企业主要的停工损失。会计上应在该项损失发生时，首先，根据所属部门相应借记"基本生产成本——停工损失""辅助生产成本——停工损失"或"制造费用"账户，贷记"原材料""应付职工薪酬"等科目。其次，结合停工发生的具体原因进行结转：可以获得赔偿的应积极索赔，借记"其他应收款"账户，贷记"基本生产成本——停工损失""辅助生产成本——停工损失"或"制造费用"等账户；因自然灾害等引起的非正常停工损失，则在扣除可获得赔偿金额之后，转入"营业外支出"账户，即借记"营业外支出"账户，贷记"基本生产成本——停工损失""辅助生产成本——停工损失"或"制造费用"等账户。

Chapter 05 第 5 章

完工产品成本核算：实务实账操作

随着企业生产的进行，原材料、人力及其他资源不断投入到产品生产加工过程中，合格产品也不断加工完成，陆续进入销售领域。伴随着产品的出售、收入的实现，利润也从中体现出来。不过，要准确核算产品销售利润，首先必须确定完工产品的生产成本，以便正确计算售出产品的销售成本。同时，正确计算完工产品的生产成本，也是企业确定恰当的产品销售价格的前提。

5.1 完工产品成本计算基本原理

完工产品成本的核算，一方面依赖于本书 1.5 节中的方法，即基本的成本归集对象与归集计算方式；另一方面也依赖于各月末（或期末）完工产品与在产品成本的合理分配。

根据会计账簿记录的基本数量关系，任何一个特定的会计账户都符合如下数据关系：

$$期初余额 + 本期增加额 - 本期减少额 = 期末余额 \quad (5\text{-}1)$$

具体到"生产成本"的任何一种产品明细账户中，在当期"制造费用"中归集的项目已经按照一定的方法完全分配结转到具体产品的"生产成本"明细账之后，该"生产成本"明细账上便汇集了该特定产品的所有生产费用。此时，该"生产成本"明细账的期初余额反映的是该特定产品的期初在产品成本；其本期借方发生额（即"本期增加额"）一般记录的是该产品当期发生的所有生产费用；本期贷方发生额（即"本期减少额"）一般反映的是该产品当期完工入库的全部产品生产成本（即完工产品成本）；该"生产成本"账户的期末余额则反映的是该特定产品的期末在产品成本。

因此，将式（5-1）具体到特定产品的"生产成本"账户的经济含义上时，便可以变形为如下公式：

$$月初在产品成本 + 本月发生的生产性费用 - 本月完工产品成本 = 月末在产品成本 \quad (5\text{-}2)$$

即：

$$本月完工产品成本 = 本月发生的生产性费用 + 月初在产品成本 - 月末在产品成本 \quad (5\text{-}3)$$

在式（5-3）中，对任一产品而言，"本月发生的生产性费用"可以直接根据该产品当月"生产成本"明细账的本期借方发生额汇集得到；"月初在产品成本"金额则来自该"生产成本"明细账的月初余额。因此，能否计算出本月完工产品的成本，便取决于月末在产品成本的正确计算，这两项成本的计算常常是同时进行的。

5.2　在产品数量的盘点与核算

由于完工产品在平时完工入库时需要进行必要的计量、交接、核实与记录，其完工数量已经记录在册（如第 2 章中的表 2-118～表 2-149），但在产品数量因为生产的连续进行、原材料的不断投入和完工产品的不断入库转出而随时发生着变化。因此，月末分配计算产品成本时，首先需要确定期末在产品的数量，即进行必要的在产品数量清点。

对在产品期末数量的盘点，一般采用实地盘点法进行，特殊情况下也可以采用物理上的技术推算法进行推算。

进行在产品期末数量盘点之后，如果出现了盘盈，一般直接冲减当期的"制造费用"或"生产成本"。如果出现了盘亏，需要根据不同的原因做不同的账务处理：属于定额内的自然损耗以及其他准予记入产品成本的，记入"制造费用"或"生产成本"科目；属于人为原因造成的，应该追究责任人的责任并要求赔偿，记入"其他应收款"科目；属于自然灾害或意外事故造成的，在扣除收回的残料价值（记入"原材料"）以及可获得的赔偿（记入"其他应收款"）之后，由企业承担的余额部分转入"营业外支出"项目中。

本书中大海股份有限公司的 5050 白光产品（产品代码 S-BT**WS2）的期末在产品数量盘点与统计结果如表 5-1 所示。

表 5-1　期末在产品数量盘点表

20×× 年 11 月

产品代码	生产单号	在产品数量				本期完工入库转出数量
		账存数量	实存数量	盘盈	盘亏	
S-BT**WS2	S1121022	9 100	9 100	0	0	20 000
	S1124023	25 000	25 000	0	0	13 420
	S1125024	27 640	27 640	0	0	0

即该公司 5050 白光产品的期末在产品数量账面上与实际完全相符，不存在盘盈或盘亏的情况。

5.3　完工产品与在产品之间分配生产成本的方法

生产费用在完工产品与在产品之间进行分配，一般可以根据产品本身的特点以及产品生产耗费的特性选择如下不同的分配方法。

1. 不计算在产品成本的方法

这种方法下，即使月末存在在产品，也不计算其所应承担的成本费用，而是将当月发生的所有生产性费用由完工产品来承担。由于月末在产品不计成本，因此下月初的在产品也就不存在成本费用，即月初在产品成本为0，那么根据式（5-3）可知：当月完工产品成本便等于当月发生的所有生产性费用。这种方法一般适用于月末在产品数量很少的情况，此时为了减少核算与分配的工作量而不计算在产品成本，因其对完工产品成本的影响十分微弱，可以忽略不计。

2. 在产品按期初成本固定计算的方法

采用这种方法，期末在产品的成本完全等同于期初在产品的成本，因此当月完工产品成本的计算与上述"不计算在产品成本"的方法有异曲同工之效——当月完工产品的成本等于当月发生的所有生产性费用。

由于在产品按期初成本固定计算，因此在一定会计期间内，各月月末、月初的在产品成本完全相同。此时如果各月月末在产品数量有较大变化，就会出现成本计算的明显误差。因此，这种方法一般只适用于月末在产品数量较小或者数量总量虽然较大，但各月月末变动量很小的情况。而且，采用这种方法，至少每年年末需要对在产品数量进行盘点，并根据盘点结果调整年末在产品数量和在产品成本，并以调整后的在产品成本作为来年计算各月月末在产品成本的依据。

3. 在产品按所耗原材料费用计算的方法

当某种产品的月末在产品数量较大或者数量变动量很大时，上述两种方法便不再适用。此时，如果该种产品生产过程中原材料费用在所有生产耗费中所占比例很高，而直接人工与制造费用等所占比重很小，则出于简化核算的目的，在计算月末在产品成本时，可以只按照投入的原材料费用计算在产品成本，而将发生的所有直接人工与制造费用等悉数由完工产品来承担。

4. 约当产量比例法

所谓约当产量，是指在产品按照完工程度折算成大约相当于完工产品的数量。采用约当产量比例法，是先将月末在产品数量按照其完工程度或用工程度折算为相当于完工产品的数量，然后将需要分配的生产费用总额统一按照完工产品与约当产量之和进行简单分配，计算出单位完工产品的成本，再进一步计算出完工产品的总成本。

约当产量比例法适用面较广，但计算月末在产品的约当产量比较麻烦，关键是需要正确确定月末在产品的完工程度。较常见的是按照产品的定额工时消耗进度进行计算；如果其他生产性耗费的发生与生产进度基本均衡，也可以按照产品的定额费用消耗情况计算完工程度和约当产量。

【例5-1】假设某产品需要经过三道工序才能完成，原材料是在第一道工序开始时就一次性投入的（因此适合采用直接按照数量进行分配的方法）。其他耗费包括人工使用等在每道工序内都是基本均衡的（适合采用约当产量比例法），各工序工时定额分别为：第一道工序13个小时，第二道工序21个小时，第三道工序16个小时。某月共完工产品800件，月末在产品的数量为：第一道工序100件，第二道工序200件，第三道工序38件。各项生产费用的情况如表5-2所示。

表5-2 各项生产费用汇总

（单位：元）

	原材料费用	直接人工费用	制造费用
月初在产品成本	9 201	1 538	790
本月新增投入	28 599	1 478.704	1 566.800
合计	37 800	3 016.704	2 356.800

则月末完工产品与在产品成本计算过程如下。

1）原材料费用。由于是投产时一次性投入，因此直接按照生产的全部产品数量进行分配，即：

原材料费用分配率 = 37 800 ÷ （800 + 100 + 200 + 38）= 33.216

完工产品应承担原材料费用 = 800 × 33.216 = 26 572.800（元）

在产品应承担原材料费用 = 37 800 − 26 572.800 = 11 227.200（元）

2）直接人工费用。采用约当产量比例法，由于每道工序内用工基本均衡，因此每道工序内在产品的平均完工程度相当于本工序完成了一半，因此各道工序按平均用工程度表示的完工率如下。

第一道工序：13×50%÷(13+21+16)×100% = 13%

第二道工序：(13+21×50%)÷(13+21+16)×100% = 47%

第三道工序：(13+21+16×50%)÷(13+21+16)×100% = 84%

月末在产品约当产量 = 100×13% + 200×47% + 38×84% = 138.920（件）

直接人工费用分配率 =（1 538 + 1 478.704）÷（800 + 138.92）= 3.213

完工产品应承担直接人工费用 = 800×3.213 = 2 570.400（元）

在产品应承担直接人工费用 = 3 016.704 − 2 570.4 = 446.304（元）

3）制造费用。与直接人工费用分配方法相同，即：

制造费用分配率 =（790 + 1 566.8）÷（800 + 138.92）= 2.510

完工产品应承担制造费用 = 800×2.510 = 2 008（元）

在产品应承担制造费用 = 2 356.8 − 2 008 = 348.800（元）

则完工产品与在产品成本计算结果如表 5-3 所示。

表 5-3　完工产品与在产品成本计算结果

（单位：元）

	原材料费用	直接人工费用	制造费用	合计
月初在产品成本	9 201	1 538	790	11 529
本月新增投入	28 599	1 478.704	1 566.800	31 644.504
合计	37 800	3 016.704	2 356.800	43 173.504
完工产品成本（转出）	26 572.800	2 570.400	2 008	31 151.200
月末在产品成本	11 227.200	446.304	348.800	12 022.304

5. 在产品按完工产品等同计算成本的方法

如果某类产品，生产进度大致相同，即使月末有在产品，在产品也基本接近于完工，或者虽然没有完工，但后续费用已经非常微小，此时为了简化核算工作，可以将月末在产品等同于完工产品对待，即将所有的生产性费用按照产品数量平分到完工产品与月末在产品中。此方法比较简单，此处不再举例。

6. 在产品按照定额成本计算的方法

如果企业各月月末在产品数量变动不大，而且该企业管理相对规范，产品定额管理比较好，定额资料比较准确、稳定和齐全，那么除了可以采用上面第二种方法（即"在产品按期初成本固定计算的方法"）外，也可以采用在产品按照定额成本计算的方法。

在产品按照定额成本计算，就是按照事先确定的在产品的单位定额成本，乘以月末在产品数量，作为月末在产品的实际生产成本。企业当期全部生产性费用总额，扣除按照定额成本计算的月末在产品成本，即为当期完工产品的生产成本。

与第二种方法类似，采用这种方法，需要经常对定额执行情况进行检查。当产品生产相对稳定、定额消耗比较准确时，采用这种方法能够提高成本计算效率；如果定额执行效果不明显，定额成本与实际费用出现明显差异，单纯采用定额成本计算月末在产品成本就不够恰当。此时应该考虑其他合适的计算方法。

7. 定额比例法

定额比例法即完工产品与在产品均按照定额成本计算所占比例来确定各自实际成本的方法，这种方法的使用前提或适用对象与"在产品按照定额成本计算的方法"基本一致，需要企业有良好的定额成本管理基础，相关产品的定额资料比较准确，定额执行情况比较稳定，这样可以提高成本计算结果的准确性。

定额比例法的基本计算过程分为三个步骤。

第一步，计算完工产品与月末在产品的定额成本费用总量（简称"定额费用量"）。

$$完工产品定额费用量 = 完工产品数量 \times 完工产品单位定额成本$$

$$月末在产品定额费用量 = 月末在产品数量 \times 月末在产品单位定额成本$$

第二步，计算定额分配率。

$$定额分配率 = \frac{待分配的全部生产费用}{完工产品定额费用量 + 月末在产品定额费用量}$$

第三步，计算出完工产品与月末在产品的实际应承担生产费用。

完工产品实际应承担生产费用 = 完工产品定额费用量 × 定额分配率

月末在产品实际应承担生产费用 = 月末在产品定额费用量 × 定额分配率

上述三个步骤中的"定额费用量",可以是定额耗用量,也可以是定额消耗的成本费用,只要计算时完工产品与月末在产品采用统一的计量模式即可。

【例 5-2】某企业生产 B 产品,假设采用定额比例法进行原材料费用分配。某月完工 B 产品 1 500 件,单件完工产品原材料定额耗用量为 120 千克/件;月末在产品 380 件,单件在产品原材料定额耗用量为 80 千克/件。该产品月初在产品的原材料实际费用为 10 820 元,当月新增原材料消耗的实际成本为 8 9751.200 元。则月末完工产品与在产品成本计算过程如下。

完工产品原材料定额耗用量 = 1500 × 120 = 180 000(千克)

月末在产品原材料定额耗用量 = 380 × 80 = 30 400(千克)

定额分配率 =(10 820 + 89 751.200)/(180 000 + 30 400)= 0.478

则:

完工产品应承担原材料费用 = 180 000 × 0.478 = 86 040(元)

月末在产品应承担原材料费用 = 30 400 × 0.478 = 14 531.200(元)

5.4 完工产品成本计算与账户结转示范

在本书中,由于产品基本上是按照生产任务单进行生产,并采用简化的分批法进行成本归集与计算的,因此大多数产品月末没有在产品,也就不需要进行完工产品与在产品之间的成本分配。但少数存在月末在产品的生产订单,还是需要进行必要的成本分配的。

此处以生产单号为 S1121022、产品编码为 S-BT**WS2 的 5050 白光产品为例。该产品属于当月投产,因此月初在产品数量为 0,当月投产 29 100 件(见第 2 章表 2-48 "生产任务单"),完工 20 000 件(见表 2-148 "生产入库单"),当月累计发生材料费用 1 696 227.651 元(根据表 2-12 "原材料期初汇总表"及

表 2-24"原材料进销存汇总表"计算出各项材料的加权平均单价,并结合表 2-74 "生产领料单"计算所得),直接人工 5 412.192 元 [根据表 2-109"工时统计汇总表"及表 4-6"生产二部工资费用分配表"并加计工资总额的 30.9%(由企业承担的"五险一金")而得],燃料动力 1 772.539 元(根据表 2-109"工时统计汇总表"及表 2-111"水费结算汇总表"等计算所得),制造费用 3 421.419 元(根据表 2-107、表 2-108、表 2-111、表 2-112、表 2-117、表 4-8、表 4-14 中数据,表 2-82～表 2-87 中生产部门退料与其他领料数量以及上述材料中加权平均单价计算而得)。由于原材料费用在总耗费中所占的比重非常高,因此月末在产品可以只考虑原材料费用(假设按照原材料一次性投入进行分配),而 5 412.192 元的直接人工、1 772.539 元的燃料动力以及 3 421.419 元的制造费用则全部计入 20 000 件完工产品的成本之中。即:

月末在产品成本 = 本月材料费用 1 696 227.651 /(本月完工产品数量 20 000 + 月末在产品数量 9 100)× 月末在产品数量 9 100

= 530 435.451(元)

因此:

完工产品的材料成本 = 1 696 227.651 − 530 435.451 = 1 165 792.200(元)

完工产品的总成本 = 1 165 792.200 + 5 412.192 + 1 772.539 + 3 421.419

= 1 176 398.350(元)

具体汇总见表 5-4。

表 5-4 产品成本计算

生产单号:S1121022　　　　产品编码:S-BT**WS2　　　投产数量:29 100 件
开工日期:20××-11-21　　　完工日期:20××-11-30　　本期完工数量:20 000 件

摘要	直接材料	直接人工	燃料动力	制造费用	合计
期初余额	0.00				
本月发生额	1 696 227.651	5 412.192	1 772.539	3 421.419	
合计数	1 696 227.651				
完工产品成本	1 165 792.200	5 412.192	1 772.539	3 421.419	1 176 398.350
在产品	530 435.451	0	0	0	530 435.451

现实中，由于每天都可能有产品完工，因此完工产品的入库工作实际中是每天都有可能进行的，但其成本的计算却不可能随时进行，而是常常集中在月末统一核算。因此，当月末采用上述恰当的方法计算出完工产品成本后，就需要依据成本计算表登记入账，借记"库存商品"科目，贷记"生产成本"科目。

以上述成本计算示范为例，当完工产品成本计算出来之后，应将其成本进行结转，会计分录为：

借：库存商品

——5050 白光（S1121022）　　　1 176 398.35 ⊖

贷：生产成本

——基本生产成本

——生产二部 5050 白光（S1121022）　　　1 176 398.35

⊖ 会计分录中取两位小数。

第 6 章 编制成本报表实训

6.1 成本报表概述

所谓成本报表，是企业结合管理需要而编制的内部管理报表，用以概括反映企业在相应会计期间与生产产品相关的所有生产性耗费总额及其构成情况，以及产品单位成本的构成情况。作为管理会计报表体系的重要组成部分，基于企业日常成本核算和其他相关资料的成本报表，是企业成本核算与控制工作的重要内容，也在成本核算与控制中发挥着不可替代的作用。

6.1.1 成本报表的作用

编制成本报表的主要作用有以下几点。

1）企业日常成本核算工作量较大，核算内容也相对比较分散，编制成本报表可以将这些分散的成本信息集中和归纳，以便从整体上综合反映特定期间内产品生产的具体耗费和成本构成与分布水平。

2）成本报表的编制，为分析企业目前成本状况及其形成原因提供了基本资料，也为下一阶段重新制订或修订成本计划、预测成本变动趋势、确定成本控制目标提供了参考依据；同时，成本报表上所反映的产品单位成本信息，也是企业正确制定产品价格策略、销售策略的重要依据。

3）成本报表有助于企业进行成本分析与业绩评价。通过编制成本报表，可以对企业日常成本活动及控制效果进行总结、比较，发现成本形成过程中的异常动态并及时反馈，有利于特定成本事项的信息搜集和动态控制。此外，全面完整的成本报表，也有助于客观反映企业各个责任中心的控制与管理业绩，便于恰当进行绩效考核。

6.1.2　成本报表与财务报表的区别和联系

成本报表属于企业的内部管理报表，是为满足企业日常生产与经营管理的需要而编制的，而财务报表在为企业内部服务的同时，也属于企业的外部报表，两者在许多方面存在着不同的特点与必然的联系。

1．成本报表与财务报表的区别

成本报表与财务报表的区别主要体现在服务对象、编制规范、时间要求以及编制内容等几个方面。

1）在服务对象方面：成本报表属于企业内部报表，其服务对象是企业内部各个层级相关成本费用的控制与管理人员。由于成本报表不用对外披露，因此其内容一般更详细、更具有针对性和灵活性。而财务报表同时还属于企业外部报表，其服务对象不仅涉及企业管理者，也涉及企业外部其他人员，如工商税务等政府管理部门、现有及潜在的投资者与债权人，甚至相关合作单位等。由于财务报表涉及面广，内容也相对复杂，因此其编制需要遵循一定的规范要求，这在一定程度上也使财务报表相对于成本报表而言，显得不够详尽和细致。

2）在编制规范方面：成本报表由于服务对象集中在企业内部，因此无论从编制方法、报表格式、报送时间等方面，还是从编制的具体细节与具体内容上，都不是一成不变的，具有很大的灵活性，随时可能根据企业经营活动的变化或管理上的不同要求做出相应的调整和修改。但财务报表却不同，为了满足不同报表使用者的共同需求，更为了保证报表之间信息的可比性，国家通过会计准则和相关会计制度，对财务报表的类别、报表应包含的基本内容与报表的编制方法、报表格式甚至报表的报送时间与报送对象等，都进行了必要的规定或统一，且正常情况下不能随意变更。因此，财务报表内容的灵活性相对较小，其编制形式与报送时间等基本上是固定不变的。

3）在报表的报送时间要求方面：成本报表的报送时间不完全固定，除了一些定期的成本汇总分析报表之外，也常常会出于管理或预测、预算、决策的需要而临时编制并向管理者报送成本报表；财务报表却不同，其报送时间相对固定，一般包括月报、季度报表、半年度报表和年度报表。以上市公司为例，其季度报表一般必须在当季度结束后的一个月之内披露，半年度报表一般必须在半年结束后的两个月之内披露，而年度报表则必须在当年结束后的四个月之内披露。

4）在编制内容方面：成本报表的针对性很强，属于专题性的报表，基本上围绕着企业生产过程中的各项耗费分门别类进行列示、汇总和编制；其计量工具不仅包括货币计量（如总成本、单位成本金额等）工具，还包括实物量计量（如公斤、件、升等）和劳动量计量（如人工工时与机器工时等）工具。而财务报表更强调的是全面完整性和可比性，综合性较强，既包括反映企业某一时点财务状况的资产负债表，以及反映企业一定时期经营成果与资本利得的利润表，也包括反映企业一定时期经营活动现金流量、投资活动现金流量和筹资活动现金流量的现金流量表；其计量一般以货币计量为主，必要时会少量辅以劳动量或实物量计量。

2. 成本报表与财务报表的内在联系

虽然说成本报表与财务报表存在着许多不同，但两者之间也存在很深的内在联系，突出表现在以下两个方面。

1）两者之间的核算资料有很大一部分是共享的。产品成本的计算，离不开日常会计工作中对材料、人工及其他相关物资、费用等的计量与核算，这些会计核算资料，一方面构成了产品成本计算的主要依据，也就成为成本报表的基础数据来源；另一方面也反映了会计六大要素的增减变化，为财务报表的形成提供了原始资料。

2）成本报表中，有关产品成本的数据直接和间接影响着财务报表中的相关数据。如成本报表中的"完工产品单位成本"及"完工产品总成本"的大小，直接影响着资产负债表中的"存货"金额以及利润表中的"营业成本"金额，并通过对产品销售价格的影响，间接影响着企业销售收入，也就与"营业成本"一起进一步影响着企业当期利润等经营成果指标。

6.1.3 成本报表的分类

成本报表一般可以按照报表涵盖的时间范围或编制期间以及报表反映的内容进行不同标准的分类。

1）按照报表涵盖的时间范围分类，可以将成本报表划分为年度成本报表、季度成本报表、月度成本报表，以及成本报表的旬报、周报、甚至日报表等，即分别按照年度、季度、月度以及每十天、每周或每天编制相应期间的成本报表，反映当期成本的发生情况以及与以前期间的成本对比情况，便于了解相关成本的变动规律，预测未来成本的变动趋势。

2）按照报表编制期间分类，可以将成本报表划分为定期成本报表和不定期成本报表两种。所谓定期成本报表，即每间隔确定期间都需要编制的成本报表，如年报、季报、月报等。通常期间费用报表、产品生产成本报表、制造费用明细表，以及主要产品计划成本或定额成本控制表等都属于定期成本报表。

而不定期成本报表则是针对日常成本控制活动中临时出现的某些特殊问题或急需解决的问题而随时编制的，没有特定的时间限制或时间间隔，完全是根据管理的要求针对紧急问题或突发事件及时形成的，针对性非常强，内容比较集中，如生产中临时出现设备问题时编制的"临时性设备检修费用表"、针对特殊订单编制的"特别订单产品生产成本报表"等就属于不定期成本报表。

3）按照报表反映的内容分类，可以将成本报表划分为反映产品成本形成及成本计划执行情况的报表、反映期间费用构成情况的报表，以及反映生产经营计划执行与管理控制情况的报表等。

反映产品成本形成及成本计划执行情况的报表，主要是针对具体各类产品的生产环节编制的，用以说明各类产品成本构成要素的生产性耗费程度，以及实际耗费情况与计划或定额费用的对比情况，如某类产品的生产成本分析报表、产品实际成本与标准成本对比报表等。

反映期间费用构成情况的报表，主要包括三项期间费用即财务费用、管理费用与销售费用的明细表，一方面说明这三项费用的具体发生项目构成，另一方面也可以通过实际耗费与预算费用的对比，反映企业期间费用的控制效果。

而反映生产经营计划执行与管理控制情况的报表，则主要是指实际情况与计划、定额、预算或限额等的比较结果与差异分析报表，如生产计划执行情况分析报表、材料成本差异与定额差异分析报表等，目的是找出形成差异的原因，有针对性地解决短板问题，扬长避短，有效控制成本。

6.1.4 成本报表的编制要求

作为企业管理报表的主要形式之一，成本报表的编制必须满足企业成本分析、成本控制与管理的需要。概括而言，编制成本报表应该满足以下基本要求。

1）报表格式简洁明了，内容针对性强，重点突出。即从报表格式上讲，容易使人一目了然、看得明白；同时内容上又侧重围绕某一个或几个成本项目进行归纳与分析，有很明显的主题与实用性。

2）报表数据必须真实可靠，反映内容应尽可能系统、完整，以便为报表使用者提供尽可能准确、详尽的有用信息，便于进行相应的成本分析。

3）报表的编制与提交应该及时，各个不同核算期间成本报表中的各成本费用项目的统计范围、计算口径与填列方法应尽可能保持不变。这一方面是为了满足信息"及时性"的管理要求，提高成本信息的使用价值；另一方面也是为了保证各会计期间数据资料的可比性，以便于通过对不同期间的成本资料对比，揭示成本变动的内在规律，发现和反馈成本费用的异常状况。

6.2 常见成本报表的编制方法

通常的成本报表，主要汇总反映了当期相应核算对象的成本费用产生与构成情况，因此主要包括成本项目的当期及累计实际数据，也可能包括比较标准以及数据差异等。其中，"当期成本的实际数"，可以根据当期产品或相应项目的统计台账或明细账中所记录的实际发生净额填列；"成本项目累计发生额的实际数据"，需要将对应的各个连续期间的实际发生额汇总填列。而"比较标准"的填列更为简单，只需要将用作比较标准的单位计划成本、单位定额、单位标准成本或其他可用作比较标准的成本项目的既定数据对应填列即可；如果需要填列成本差异的相关数据，则还要将相应成本项目的实际数或累计实际数据与对应的标准数据相减或相除，以确定两者之间的绝对数差异与相对数差异。以下简单介绍几个主要成本报表的编制方法和基本内容编制示范。

6.2.1 可比产品与不可比产品的成本报表填列及其示范

所谓可比产品，是针对已经生产过的产品而言的，该类产品不久前企业曾经生产过（或现在仍然在继续生产），因此存有比较完整详细的相关成本费用记录，可以借此进行对比分析；不可比产品则恰恰相反，一般是企业当期开始投入的新产品，或者虽然不是初次投产，但由于各种原因以往缺乏相应的成本记录、无法进行成本比较的那些产品。

可比产品与不可比产品的成本报表最好分别填列。其中可比产品的成本报表应该包含该类产品当期及当期累计的实际产量、实际成本总额和平均单位实际成本，以及上期和上期累计的实际产量、实际成本总额和平均单位实际成本等资料，必要的话，还可以包括当期计划产量和平均单位计划成本，以及当期实际数据与上期可比数据或与计划数据比较的差异等内容。可比产品成本报表的基本格式如表 6-1 所示。⊖

⊖ 注意：报表格式及内容并非唯一，以下其他报表也一样。

表 6-1 可比产品成本报表

产品名称(或生产单号)	计量单位	产量				总成本（元）				平均单位成本（元）			差异比较		
		本期		差异		本期		差异		上期实际	本期计划	本期实际	本期实际与计划		本期与上期差异率
		实际	计划	差异	差异率	实际	计划	差异	差异率				差异	差异率	
S1101002	件	27 420	35 550	8 130	22.87%	363 069.11	470 608.19	107 539.08	22.85%		13.238	13.241	0.003	0.023%	

注：由于部分数据差异过小，因此小数点后保留三位。

由于本书中产品成本的计算采用的是简化的分批法,因此没有计划数据与上期可比数据,严格意义上说属于不可比产品。但此处为了说明可比报表的编制,暂将同类产品、不同生产批号(即不同生产订单)的两个批次产品的单位生产成本进行对比。我们将产品编码为 S-AT**FE1(即 2835 全彩产品)、生产单号分别为 S1101001 和 S1101002 的产品进行对比,以生产单号为 S1101001 的产品成本作为可比资料(权且当作"计划"成本),编制生产单号为 S1101002 的产品的可比报表(见表 6-1)。

其中,表内各项的本期实际数据与本期计划数据,可以分别根据本期产品成本计算单和既定的产品计划表中的记录填列,上期实际数据则根据上期产品成本计算单记录填列。相关的差异及差异率计算方法如下:

$$\text{平均单位成本本期实际与计划的差异} = \text{本期实际平均单位成本} - \text{本期计划平均单位成本} \quad (6\text{-}1)$$

$$\text{平均单位成本本期实际与计划的差异率} = \text{平均单位成本本期实际与计划的差异} \div \text{本期计划平均单位成本} \quad (6\text{-}2)$$

$$\text{平均单位成本本期实际与上期的差异} = \text{本期实际平均单位成本} - \text{上期实际平均单位成本} \quad (6\text{-}3)$$

$$\text{平均单位成本本期实际与上期的差异率} = \text{平均单位成本本期实际与上期的差异} \div \text{上期实际平均单位成本} \quad (6\text{-}4)$$

不可比产品的成本报表除了不存在"上期的可比数据"相关栏目之外,其他方面与可比产品成本报表基本相同,即包含了该类产品当期及当期累计的实际产量、实际成本总额和平均单位实际成本,同时也可以包括当期计划产量和平均单位计划成本,以及当期实际水平与计划水平比较的差异等内容。不可比产品成本报表的基本格式如表 6-2 所示。

我们仍以产品编码 S-AT**FE1(即 2835 全彩产品)、生产批号分别为 S1101001 和 S1101002 的产品为例,由于采用简化的分批法,因此某种意义上说这两批等同于两类不同产品,且由于没有以前同批产品资料,应属于不可比

产品,其成本报表如下:

表中"差异"及"差异率"的计算公式与上述可比产品成本报表中的计算公式(即式 6-1~式 6-4)完全相同,此处不再重复。

表 6-2 不可比产品成本报表

产品名称 (或生产 单号)	计量 单位	产量				总成本(元)				平均单位成本(元)		差异比较	
		本期		本年累计		本期		本年累计		本期 计划	本期 实际	本期实际 与计划	
		实际	计划	实际	计划	实际	计划	实际	计划			差异	差异率
S1101001	件	35 550				470 608.19					13.24		
S1101002	件	27 420				363 069.11					13.24		

6.2.2 主要产品单位成本报表的填列及其示范

主要产品单位成本报表,是反映企业在一定时期内生产的主要产品的平均单位成本,以及产品各主要成本构成项目的发生额及其与以往成本水平的比较情况的成本报表。借助于此类报表,可以反映出企业在特定时期生产的主要产品的成本变动原因,以及该期成本控制工作的绩效水平。

主要产品单位成本报表一般包括按照产品生产成本的主要构成项目(含原材料、直接人工、制造费用等)分别列示的历史最好水平、上期实际水平、本期计划水平,以及本期实际水平等较为详细的成本资料。其基本内容格式如表 6-3 所示。

报表中各个项目的填制方法比较简单,其中产品名称、编码或规格型号、计量单位、生产起始日期以及产量等,可以根据有关产品的生产任务单与产品成本计算单上的记录分别填列;各个成本项目的本期计划数据,可以根据该期产品的相关生产任务单进行填列;产品各个成本项目的本期实际数据,根据该期完工产品的成本计算单进行填列;该产品成本的上期实际数据,则根据其上期产品的成本计算单填列；至于该产品成本的历史最好水平，则需要结合企业以往正常生产经营活动中该类产品成本项目相关记录的历史最低单位成本资料填列。

表 6-3 主要产品单位成本报表

产品名称：　　　　　　　　　　　　　　　计划产量：
产品编码（或规格型号等）：　　　　　　　 实际产量：
报表期间：　　　　　　　　　　　　　　　 当年累计产量：

成本项目	本期计划	本期实际	上期实际	历史最优水平	差异比较					
					与计划比		与上期比		与历史比	
					差异	差异率	差异	差异率	差异	差异率
直接材料（元/件）										
直接人工（元/件）										
燃料动力（元/件）										
制造费用（元/件）										
产品平均单位总成本										
产品平均单位工时										

表中"差异"及"差异率"的计算公式依然与式 6-1～式 6-4 类同，此处概括如下：

$$\text{某项目平均单位成本本期实际与计划（或上期实际、历史最优）的差异} = \text{该项目本期实际单位成本} - \text{计划（或上期实际、历史最优）单位成本} \quad (6\text{-}5)$$

$$\text{某项目平均单位成本本期实际与计划（或上期实际、历史最优）的差异率} = \text{该项目平均单位成本本期实际与计划（或上期实际、历史最优）的差异} \div \text{计划（或上期实际、历史最优）单位成本} \quad (6\text{-}6)$$

由于本书中产品都是按照生产单号（即不同生产订单）进行生产的，我们权且将生产单号分别为 S1101001 和 S1101002 的两个批次产品的单位生产成本进行对比。以生产单号为 S1101001 的产品成本作为上期资料，至于以往记录的历史最优资料的相关比较,由于做法与计划数据的比较一致,此处不予列示。则生产单号为 S1101002 的产品的单位生产成本报表如表 6-4 所示。

表 6-4　主要产品单位成本报表

产品名称:2835 全彩　　　　　　　　　　　　生产单号:S1101002
产品编码(或规格型号等):S-AT**FE1　　　　投产数量:27 420 件
生产日期:20××-11-01～20××-11-10　　　完工数量:27 420 件

成本项目	本期计划	本期实际	上期实际	历史最优水平	差异比较					
					与计划比		与上期比		与历史比	
					差异	差异率	差异	差异率	差异	差异率
直接材料(元/件)	12.313	12.650	12.652		0.337	2.74%	−0.002	0.02%		
直接人工(元/件)	0.294	0.300	0.299		0.006	2.04%	0.001	0.33%		
燃料动力(元/件)	0.096	0.100	0.098		0.004	4.17%	0.002	2.04%		
制造费用(元/件)	0.186	0.190	0.189		0.004	2.15%	0.001	0.53%		
平均单位产品成本(元/件)	12.889	13.240	13.238		0.351	2.72%	0.002	0.02%		
产品平均单位工时	0.305	0.310	0.310		0.005	1.64%	0	0		

注:为体现差异,此处小数点后保留三位小数。

编制主要产品单位成本报表是为了了解企业当期各种主要产品生产过程中的具体生产资料耗费情况,分析产品成本计划的执行情况,以便在了解各个成本项目的现行状况、与计划或历史最优水平相比发生的变化及其原因的基础上,缩小差距,挖掘潜力,控制和降低生产成本。

6.2.3　制造费用明细表的填列

作为"生产成本"科目的辅助项目,"制造费用"科目分别不同生产车间或部门设置，记录了各生产车间或部门为维持产品生产而发生的各类间接开支以及从其他部门分配过来的费用，包括：车间管理人员、勤杂人员、设计人员等车间非直接参与产品生产的人员的薪酬与福利；车间应承担或分摊的辅助生产费用、固定资产折旧费及机械修理费、车间办公费、机物料消耗费以及低值易耗品摊销等。

制造费用明细表就是说明企业的生产部门在一定时期内为维护和管理生产所发生的上述费用的总额及其明细构成情况的报表。该报表中各个具体明细项目的设置，可以根据企业会计制度的要求以及企业具体的经营管理特点灵活设计。但为了保证各个核算与管理期间相关成本数据资料的可比性和使用价值，表格的涵盖内容与填列方法及表格格式，一经确定最好不要经常变动。特别是表内各项目的内涵，如果某些时期因特殊原因发生了变动，则比较标准中的相应项目内涵也应该做适当调整，并在表后的附注或脚注中进行必要的文字解释或说明。

由于制造费用一般按月记录并逐月分配结转至"生产成本"账户，因此其明细表也应按月编制，并分别其各个主要明细项目构成和相应的比较标准进行列示，包括各明细项目的本月计划发生额与实际发生额、上月或上年同期实际发生额，以及本年累计的实际发生额等可比的成本资料。其基本内容如表6-5所示。

报表中各个项目的填制方法与前面几张报表相应项目的填制方法基本相同，其中各个明细项目的本月计划数据，可以根据该月该车间的相关预算数据进行填列；本月的实际发生额，可以根据该月该车间的制造费用明细账中各相关项目的发生额合计数进行填列；至于上月或上年同期实际发生额，则根据上月或上年同期制造费用明细表中的相应项目数据填列；本年累计实际发生额，则需要将当年年初至编报表当期各月的实际发生额汇总填列。

表中"差异"及"差异率"的计算公式依然与上述可比产品成本报表6-1中的式6-1～式6-4相同。通过对"差异"及"差异率"的计算比较，可以初步了解和反映制造费用节约或超支的具体情况及大致原因。

表 6-5　制造费用明细表

编制车间：　　　　　　　　报表期间：　　　　　　　　　（单位：元）

成本项目	本月计划	本月实际	上月或上年同期实际	本年累计实际发生	差异比较			
					与计划比		与上月或上年同期比	
					差异	差异率	差异	差异率
薪酬福利								
劳动保护费								
机物料消耗								
低值易耗品摊销								
折旧费								
水电费								
辅助车间费用分摊								
其他								
……								
合计								

6.2.4　其他成本报表的填列

1．期间费用明细表

期间费用是指企业除生产车间（包括基本生产车间和辅助生产车间）之外，其他行政与业务部门在一定核算期间内为组织和管理日常经营活动所发生的各种费用，包括管理费用、财务费用和销售费用（也有称"营业费用"）等。

编制期间费用明细表主要是出于企业预算管理与费用控制的需要，有助于据此了解企业当期各项期间费用的实际耗费及其构成，分析预算经费的控制与执行情况、发生节约或超支的原因，以便进一步结合企业现行状况进行必要的预算调整、节能减排、挖掘潜力，有效控制费用开支，提高企业整体效益。

期间费用明细表可以根据企业实际需要分别管理费用明细表、财务费用明细表和销售费用明细表单独编制，也可以在项目不多时将其汇总为一张明细表，以下分别列示了期间费用明细表单独编制的基本格式（以销售费用明细表为例，见表 6-6）和汇总编制的基本格式（见表 6-7）。

表 6-6　销售费用明细表

编制部门：××销售部门　　　　报表期间：　　　　　　　　（单位：元）

成本项目	本月计划	本月实际	上月或上年同期实际	本年累计实际发生	差异比较			
					与计划比		与上月或上年同期比	
					差异	差异率	差异	差异率
薪酬福利								
业务费								
广告、展销等促销费								
差旅费								
低值易耗品摊销								
折旧费								
水电费								
运输、包装、保险费								
售后服务费								
其他								
合计								

表 6-7　期间费用明细表

编制部门：××部门　　　　报表期间：　　　　　　　　（单位：元）

项目		本月计划	本月实际	上月或上年同期实际	本年累计实际发生	差异比较			
						与计划比		与上月或上年同期比	
						差异	差异率	差异	差异率
销售费用	薪酬福利								
	业务费								
	广告、展销等促销费								
	差旅费								
	低值易耗品摊销								
	折旧费								
	水电费								
	运输、包装、保险费								
	售后服务费								
	其他								
	合计								

（续）

项目		本月计划	本月实际	上月或上年同期实际	本年累计实际发生	差异比较			
						与计划比		与上月或上年同期比	
						差异	差异率	差异	差异率
管理费用	薪酬福利								
	办公经费								
	业务招待费								
	低值易耗品摊销								
	折旧费								
	差旅费								
	水电费								
	科研经费								
	审计、绿化、修理费								
	其他								
	合计								
财务费用	利息费用（减利息收入）								
	汇兑损益								
	手续费								
	其他								
	合计								
期间费用总计									

报表中各个项目的填制方法与上面制造费用相应项目的填制方法基本相同，即以销售部门相关预算和明细账簿为依据，表中各个明细项目的本月计划数，根据该月销售部门相关预算进行填列；本月的实际发生额可以根据销售部门明细账中当月各相关项目的借方发生额合计数进行填列；至于上月或上年同期的实际发生额，则根据上月或上年同期销售费用明细表中的相应项目数据填列；本年累计的实际发生额，需要将当年年初至编报当期各月的实际发生额汇总填列。

汇总的期间费用明细表其实是将管理费用明细表、财务费用明细表和销售费用明细表集中在一张报表中，以便对企业整体的期间费用有全盘了解和分析，为企业整体经费控制提供分析依据。

上述明细表中各个具体明细项目不是固定不变的，企业可以根据自身管理上的需要，对费用开支做更进一步的细分，也可以根据需要对上述明细项目进行必要的归并整合。

2. 差异分析表

差异分析表是企业实行责任中心考核（或称"业绩考核"）所需要的分析资料。作为三大责任中心的基础，成本中心又可以划分为以生产车间为中心的狭义的成本中心和以各个行政业务部门为考核对象的费用中心两大部分。这两个中心的核心特点都是以成本耗费为主要行为表现，直接形成企业的相应开支。因此，从成本管理的角度，进行成本费用的差异分析是企业执行预算、反映和考核责任与绩效的最基本的工作。

差异分析表的编制通常可以按照不同的车间或部门（即各个成本或费用中心）进行，主要包括该车间或部门当期成本费用的实际发生数与预算数、可比期间的实际发生数进行比较的绝对数差异和差异率，如同本章表 6-1 至表 6-7 中的"差异比较"的内容。当然，实际应用中，企业可以根据各级成本管理人员的信息需求，对成本报表以及差异分析表的内容详细程度进行必要的调整，如将成本费用细分为可控成本费用和不可控成本费用，将成本差异细分为有利差异和不利差异等，例如表 6-8 所示的部门管理费用差异分析表。

表 6-8　××部门管理费用差异分析表

编制部门：××部门　　　　　报表期间：　　　　　　　（单位：元）

项目		本期预算	本期实际	差异比较			
				有利差异	不利差异	差异率	原因说明
不可控成本	薪酬福利						
	折旧费						
	房产税、车船税等						
	……						
可控成本	业务招待费						
	低值易耗品摊销						
	办公经费						
	差旅费						
	科研经费						
	审计、绿化、修理费						
	……						
	其他						
合计							

差异分析表的主要任务是揭示差异，表中本期预算数可以根据当期该部门相关预算进行填列；本期实际可以根据当期该部门明细账中的发生额合计数进行填列；差异金额则是将本期实际数与本期预算数相减得出。如果本期实际数大于预算数，即为费用超支，称为"不利差异"，属于有待控制或进一步调整与监控的内容；如果实际数小于预算数，即为费用节约，称为"有利差异"，表示当期成本控制的成效，有待进一步巩固。

3. 废品损失或停工损失等相关损失的报表

有时候，当企业因某些因素导致存在较为明显的生产损失，如废品损失或停工损失等，也需要编制相应的"经营或生产损失报表"，以便明确产生损失的原因、损失程度以及损失责任。经营或生产损失报表通常需要企业平时设置有关损失的明细账，将有关损失单独进行登记，期末则根据"停工损失""废品损失"等损失账户的明细记录和其他有关依据分析填列。

如果企业业务比较简单、经营损失不多，一般可以统一编制一张经营或生产损失报表，概括说明企业发生的损失情况；而如果业务比较繁多、损失明显，就有必要分"停工损失""废品损失"等具体类别编制损失报表，以便详细说明情况，进一步查找原因、对症下药，有效进行损失控制。

经营或生产损失报表的具体格式由企业管理控制的需要而定，一般应该包括如下内容：发生损失的部门、损失的具体类别、损失金额、损失原因及初步处理意见等。

附录 Appendix

部分参考答案[一]

1. 原材料、包装物、低值易耗品等物资收发存相关汇总表

原材料、包装物、低值易耗品期初与本期购入汇总表，如表 A-1 所示。

表 A-1 原材料、包装物、低值易耗品期初与本期购入汇总表

所属年月：20×× 年 11 月　　　（金额单位：元）

序号	材料编码	材料名称	单位	期初留存			本期购入		
				数量	单价	金额	数量	单价	金额
1	X-B001	B 类发光片	PCS	26 700	0.45	12 015.00	128 450	0.48	61 656.00
2	X-B002	B 类发光片	PCS	200 550	0.46	92 253.00	0	—	0
3	X-B003	B 类发光片	PCS	897	0.41	367.77	196 305	0.40	78 522.00
4	X-B004	B 类发光片	PCS	280	0.40	112.00	120	0.38	45.60

[一] 计算过程中若除不尽，小数点后取三位小数，计算结果一般保留小数点后两位小数，个别差异过小的，为了体现区别，也会保留三位小数。

(续)

序号	材料编码	材料名称	单位	期初留存			本期购入		
				数量	单价	金额	数量	单价	金额
5	X-B005	B 类发光片	PCS	100	0.36	36.00	514 650	0.36	185 274.00
6	X-B006	B 类发光片	PCS	148 580	0.21	31 201.80	105 000	0.20	21 000.00
7	X-B009	B 类发光片	PCS	165	0.23	37.95	223 856	0.25	55 964.00
8	X-G001	G 类发光片	PCS	131 500	0.21	27 615.00	86 200	0.26	22 412.00
9	X-G002	G 类发光片	PCS	33 830	0.38	12 855.40	0	—	0
10	X-G003	G 类发光片	PCS	20 387	0.30	6 116.10	215 000	0.31	66 650.00
11	X-G004	G 类发光片	PCS	34 780	0.47	16 346.60	0	—	0
12	X-G005	G 类发光片	PCS	0	—	0	150	0.30	45.00
13	X-R001	R 类发光片	PCS	102 800	0.08	8 224.00	158 000	0.10	15 800.00
14	X-R002	R 类发光片	PCS	62 930	0.07	4 405.10	101 500	0.08	8 120.00
15	X-R003	R 类发光片	PCS	131 120	0.23	30 157.60	0	—	0
16	X-R004	R 类发光片	PCS	1 660	0.21	348.60	0	—	0
17	X-R005	R 类发光片	PCS	90 501	0.24	21720.24	0	—	0
18	A-001	辅料 A	g	4 200	73.00	306 600.00	73 000	72.40	5 285 200.00
19	A-002	辅料 A	g	2 730	39.60	108 108.00	68 000	40.10	2 726 800.00
20	S-001	辅料 S	g	2 000	17.85	35 700.00	90 000	18.20	1 638 000.00
21	S-002	辅料 S	g	2 000	17.90	35 800	128 000	18.08	2 314 240.00
22	E-001	辅料 E	g	41 200	0.37	15 244.00	96 000	0.41	39 360.00
23	E-002	辅料 E	g	40 000	0.35	14 000.00	102 000	0.38	38 760.00
24	S-003	辅料 S	g	22 000	14.00	308 000.00	0	—	0
25	S-004	辅料 S	g	20 000	14.50	290 000.00	0	—	0
26	B-001	辅料 B	m	69 500	7.20	500 400.00	48 000	7.00	336 000.00
27	B-002	辅料 B	m	73 868	9.10	672198.80	66 000	9.15	603 900.00
28	B-003	辅料 B	m	30 000	7.00	210 000.00	50 000	7.60	380 000.00
29	Y-CSW001	2030 外壳	PCS	576	0.20	115.20	218 000	0.18	39 240.00
30	Y-ATF001	2835 外壳	PCS	216 580	0.15	32 487.00	188 000	0.16	30 080.00
31	Y-ASW001	2835 外壳	PCS	48 550	0.10	4 855.00	115 000	0.08	9 200.00
32	Y-BTW001	5050 外壳	PCS	90 950	0.30	27 285.00	176 000	0.32	56 320.00
33	Y-BTF001	5050 外壳	PCS	130 770	0.50	65 385.00	41 800	0.52	21 736.00
34	C-001	辅料 C	g	300	48.00	14 400.00	28 000	46.95	1 314 600.00
35	C-002	辅料 C	g	100	500.00	50 000.00	20700	510.00	10 557 000.00

（续）

序号	材料编码	材料名称	单位	期初留存			本期购入		
				数量	单价	金额	数量	单价	金额
36	C-003	辅料C	g	500	252.00	126 000.00	0	—	0
37	O-001	机物料一	PCS	11 000	2.10	23 100.00	0	—	0
38	O-002	机物料二	PCS	500	2.30	1 150.00	0	—	0
39	O-003	机物料三	PCS	3 500	2.20	7 700.00	0	—	0
40	O-004	配件一	PCS	273	60.50	16 516.50	50	62.00	3 100.00
41	O-005	配件二	PCS	453	58.00	26 274.00	0	—	0
42	O-006	配件三	PCS	255	58.40	14 892.00	40	58.50	2 340.00
43	Z-001	包装袋一	PCS	17 960	0.15	2 694.00	0	—	0
44	Z-002	包装袋二	PCS	17 230	0.20	3 446.00	0	—	0
45	Z-003	包装箱一	PCS	265	5.60	1 484.00	150	6.00	900.00
46	Z-004	不干胶标签	PCS	60	0.70	42.00	1 300	0.80	1 040.00
47	Z-005	包装盒带	m	24 000	0.60	14 400.00	0	—	0
48	Z-006	包装盒带	m	35 500	0.50	17 750.00	0	—	0
49			合计			3 209 838.66			25 913 304.60

根据表 A-1 中各项物资的期初数据及本期购入数据，可以计算出各项材料物资的加权平均单价。计算公式如下：

加权平均单价 =（期初金额 + 本期入库金额）÷（期初数量 + 本期入库数量）

表 A-2 中发出材料物资的单价即按照上述公式计算出来的经四舍五入之后的加权平均单价。

表 A-2 原材料、包装物、低值易耗品本期发出与期末结存汇总表

所属年月：20×× 年 11 月　　　　　（金额单位：元）

序号	材料编码	材料名称	单位	本期发出			期末结存		
				数量	单价	金额	数量	单价	金额[①]
1	X-B001	B类发光片	PCS	132 940	0.47	62 481.80	22 210	0.47	11 189.20
2	X-B002	B类发光片	PCS	1 150	0.46	529.00	199 400	0.46	91 724.00
3	X-B003	B类发光片	PCS	183 470	0.40	73 388.00	13 732	0.40	5 501.77

（续）

序号	材料编码	材料名称	单位	本期发出			期末结存		
				数量	单价	金额	数量	单价	金额
4	X-B004	B类发光片	PCS	130	0.39	50.70	270	0.39	106.90
5	X-B005	B类发光片	PCS	509 760	0.36	183 513.60	4 990	0.36	1 796.40
6	X-B006	B类发光片	PCS	209 000	0.21	43 890.00	44 580	0.21	8 311.80
7	X-B009	B类发光片	PCS	222 684	0.25	55 671.00	1 337	0.25	330.95
8	X-G001	G类发光片	PCS	125 220	0.23	28 800.60	92 480	0.23	21 226.40
9	X-G002	G类发光片	PCS	340	0.38	129.20	33 490	0.38	12 726.20
10	X-G003	G类发光片	PCS	220 630	0.31	68 395.30	14 757	0.31	4 370.80
11	X-G004	G类发光片	PCS	1 150	0.47	540.50	33 630	0.47	15 806.10
12	X-G005	G类发光片	PCS	80	0.30	24.00	70	0.30	21.00
13	X-R001	R类发光片	PCS	209 202	0.09	18 828.18	51 598	0.09	5 195.82
14	X-R002	R类发光片	PCS	136 560	0.08	10 924.80	27 870	0.08	1 600.30
15	X-R003	R类发光片	PCS	1 230	0.23	282.90	129 890	0.23	29 874.70
16	X-R004	R类发光片	PCS	200	0.21	42.00	1 460	0.21	306.60
17	X-R005	R类发光片	PCS	50	0.24	12.00	90 451	0.24	21 708.24
18	A-001	辅料A	g	74 743.6	72.43	5 413 678.95	2 456	72.43	178 121.05
19	A-002	辅料A	g	68 971	40.08	2 764 357.68	1 759	40.08	70 550.32
20	S-001	辅料S	g	88 569	18.19	1611 070.11	3 431	18.19	62 629.89
21	S-002	辅料S	g	128 534	18.08	2 323 894.72	1 466	18.08	26 145.28
22	E-001	辅料E	g	110 702.6	0.40	44 281.04	26 497	0.40	10322.96
23	E-002	辅料E	g	130 824	0.37	48 404.88	11 176	0.37	4355.12
24	S-003	辅料S	g	60	14.00	840.00	21 940	14.00	307 160.00
25	S-004	辅料S	g	60	14.50	870.00	19 940	14.50	289 130.00
26	B-001	辅料B	m	89 589.6	7.12	637 877.95	27 910	7.12	198 522.05
27	B-002	辅料B	m	111 364.8	9.12	1 015 646.98	28 503	9.12	260 451.82
28	B-003	辅料B	m	74 690	7.38	551 212.20	5 310	7.38	38 787.80
29	Y-CSW001	2030外壳	PCS	217 880	0.18	39 218.40	696	0.18	136.80
30	Y-ATF001	2835外壳	PCS	220 790	0.15	33 118.50	183 790	0.15	29 448.50
31	Y-ASW001	2835外壳	PCS	116 030	0.09	10 442.70	47 520	0.09	3 612.30
32	Y-BTW001	5050外壳	PCS	193 270	0.31	59 913.70	73 680	0.31	23 691.30
33	Y-BTF001	5050外壳	PCS	124 725	0.50	62 362.50	47 845	0.50	24 758.50
34	C-001	辅料C	g	26 301	46.96	1 235 094.96	1 999	46.96	93 905.04

（续）

序号	材料编码	材料名称	单位	本期发出			期末结存		
				数量	单价	金额	数量	单价	金额
35	C-002	辅料C	g	20 683.2	509.95	10 547 397.84	117	509.95	59 602.16
36	C-003	辅料C	g	8	252.00	2 016.00	492	252	123 984.00
37	O-001	机物料一	PCS	49	2.10	102.90	10 951	2.1	22 997.10
38	O-002	机物料二	PCS	43	2.30	98.90	457	2.3	1 051.10
39	O-003	机物料三	PCS	67	2.20	147.40	3 433	2.2	7 552.60
40	O-004	配件一	PCS	60	60.73	3 643.80	263	60.73	15 972.70
41	O-005	配件二	PCS	49	58.00	2 842.00	404	58	23 432.00
42	O-006	配件三	PCS	45	58.41	2 628.45	250	58.41	14 603.55
43	Z-001	包装袋一	PCS	660	0.15	99.00	17 300	0.15	2 595.00
44	Z-002	包装袋二	PCS	0	0.20	0	17 230	0.2	3 446.00
45	Z-003	包装箱一	PCS	170	5.74	975.80	245	5.74	1 408.20
46	Z-004	不干胶标签	PCS	1 280	0.80	1 024.00	80	0.8	58.00
47	Z-005	包装盒带	m	5 100	0.60	3 060.00	18 900	0.6	11 340.00
48	Z-006	包装盒带	m	0	0.50	0	35 500	0.5	17 750.00
49			合计			26 963 824.94			2 159 318.32

① 该项金额由"期初金额＋本期入库金额－本期发出全额"计算得出，而非"数量×单价"。

2. 职工薪酬分配

根据表 2-107 并结合表 2-108 中公司承担五险一金（养老保险、工伤保险、生育保险、基本医疗保险、失业保险、住房公积金）的缴纳比率（总计缴纳应付工资总额的 30.9%），公司当月工资费用及五险一金费用如表 A-3 与表 A-4 所示。

表 A-3 工资结算汇总表

所属年月：20×× 年 11 月　　　（金额单位：元）

项目		序号	职工人数	计时工资	计件工资	应扣工资	综合奖金	夜班津贴	应付工资
生产一部	生产工人	1	64	217 600.00		1 200.00	1 800.00	2 000.00	220 200.00
	管理人员	2	4	16 800.00					16 800.00

（续）

项目		序号	职工人数	计时工资	计件工资	应扣工资	综合奖金	夜班津贴	应付工资
生产二部	生产工人	3	50	173 800.00		800.00	2 000.00		175 000.00
	管理人员	4	3	12 600.00			480.00		13 080.00
生产三部	生产工人	5	40	136 800.00		200.00	1 500.00	1 200.00	139 300.00
	管理人员	6	2	8 400.00			400.00		8 800.00
设备部		7	5	19 000.00			200.00		19 200.00
品保部		8	8	30 400.00			440.00		30 840.00
行政管理、技术研发		9	28	128 800.00		300.00	1800.00		130 300.00
销售部		10	20	70 000.00			2100.00		72 100.00
合计			224	814 200.00	0.00	2 500.00	10 720.00	3 200.00	825 620.00

表 A-4 "五险一金"计提汇总表

所属年月：20××年11月　　（金额单位：元）

项目		序号	职工人数	应付工资	五险一金	工资与保险合计
生产一部	生产工人	1	64	220 200.00	68 041.80	288 241.80
	管理人员	2	4	16 800.00	5 191.20	21 991.20
生产二部	生产工人	3	50	175 000.00	54 075.00	229 075.00
	管理人员	4	3	13 080.00	4 041.72	171 21.72
生产三部	生产工人	5	40	139 300.00	43 043.70	182 343.70
	管理人员	6	2	8 800.00	2 719.20	11 519.20
设备部		7	5	19 200.00	5 932.80	25 132.80
品保部		8	8	30 840.00	9 529.56	40 369.56
行政管理、技术研发		9	28	130 300.00	40 262.70	170 562.70
销售部		10	20	72 100.00	22 278.90	94 378.90
合计			224	825 620.00	255 116.58	1 080 736.58

相关账务处理（会计分录）如下。

借：基本生产成本
　　　　——生产一部（直接人工）　　　288 241.80
　　　　——生产二部（直接人工）　　　229 075.00
　　　　——生产三部（直接人工）　　　182 343.70
　　辅助生产成本——设备部　　　　　　25 132.80
　　　　　　　　——品保部　　　　　　40 369.56
　　制造费用——生产一部　　　　　　　21 991.20
　　　　　　——生产二部　　　　　　　17 121.72
　　　　　　——生产三部　　　　　　　11 519.20
　　管理费用　　　　　　　　　　　　　170 562.70
　　销售费用　　　　　　　　　　　　　94 378.90
　贷：应付职工薪酬　　　　　　　　　　　　　825 620.00
　　其他应付款——应付职工社会保险　　　　　255 116.58

3. 水电费分配汇总

水电费的分配计算（见表 A-5 与表 A-6）是根据表 2-110 "电费结算汇总表"（或表 4-8 "电费分配表"）以及表 2-109 "工时统计汇总表"和表 2-111 "水费结算汇总表"计算得出的。

表 A-5　电费结算汇总表

所属年月：20×× 年 11 月

项目		序号	用电量（千瓦时）	分配单价（元/千瓦时）	金额（元）
生产一部	生产用电	1	112 000	0.88	98 560.00
	管理用电	2	4 100		3 608.00
生产二部	生产用电	3	84 600		74 448.00
	管理用电	4	3 200		2 816.00
生产三部	生产用电	5	124 000		109 120.00
	管理用电	6	5 050		4 444.00

（续）

项目	序号	用电量（千瓦时）	分配单价（元/千瓦时）	金额（元）
设备部	7	16 800		14 784.00
品保部	8	12 800		11 264.00
行政管理、技术研发	9	29 500	0.88	25 960.00
销售部	10	3 950		3 476.00
合计		396 000		348 480.00

$$分配率 = \frac{电费总金额}{各部门耗电量总和} = \frac{348\,480.00}{396\,000} = 0.88$$

根据第 2 章资料假设，电费的增值税税率按照 13% 计算，则应计增值税进项税额 = 348 480.00 × 13% = 45 302.40（元），含税电费总额为 393 782.40 元。相应的会计分录如下。

借：基本生产成本

——生产一部（燃料动力） 98 560.00

——生产二部（燃料动力） 74 448.00

——生产三部（燃料动力） 109 120.00

辅助生产成本——设备部 14 784.00

——品保部 11 264.00

制造费用——生产一部 3 608.00

——生产二部 2 816.00

——生产三部 4 444.00

管理费用 25 960.00

销售费用 3 476.00

应交税费——应交增值税（进项税额） 45 302.40

贷：应付账款——××电力局 393 782.40

表 A-6 水费结算汇总表

所属年月：20××年11月

项目		序号	用水量（吨）	分配水价（元/吨）	金额（元）
生产一部	生产用水	1	210		672.00
	管理用水	2	35		112.00
生产二部	生产用水	3	180		576.00
	管理用水	4	15		48.00
生产三部	生产用水	5	298	3.20	953.60
	管理用水	6	42		134.40
设备部		7	130		416.00
品保部		8	120		384.00
行政管理、技术研发		9	230		736.00
合计			1 260	3.20	4 032.00

$$分配率 = \frac{水费总金额}{各部门耗水量总和} = \frac{4\,032.00}{1\,260} = 3.20$$

根据第2章资料假设，水费的增值税税率按照9%计算，则应计增值税进项税额 = 4 032.00×9% = 362.88（元），含税水费总额为4 394.88元。相应会计分录如下。

借：基本生产成本——生产一部（燃料动力）　　672.00
　　　　　　　　——生产二部（燃料动力）　　576.00
　　　　　　　　——生产三部（燃料动力）　　953.60
　　辅助生产成本——设备部　　　　　　　　416.00
　　　　　　　　——品保部　　　　　　　　384.00
　　制造费用——生产一部　　　　　　　　　112.00
　　　　　——生产二部　　　　　　　　　　48.00
　　　　　——生产三部　　　　　　　　　　134.40
　　管理费用　　　　　　　　　　　　　　　736.00
　　应交税费——应交增值税（进项税额）　　362.88
　　贷：应付账款——××水务公司　　　　　　　　4 394.88

4. 计提本期折旧

根据表 2-112 "固定资产折旧计算表"汇总计算的各部门当月固定资产折旧费用如表 A-7 所示。

表 A-7 固定资产折旧计算表

所属年月：20××年 11 月　　　　　　　　　　（单位：元）

部 门	房屋建筑	机器设备	办公设备	合计
生产一部	7 692.25	6 394.10	76.32	14 162.67
生产二部	12 019.20	4 429.33	127.20	16 575.73
生产三部	6 213.20	3 197.06	25.44	9 435.70
设备部	2 403.83	1 278.82	25.44	3 708.09
品保部	1 923.06	1 918.24	37.30	3 878.60
行政部门	11 208.88		1 704.08	12 912.96
销售部门	3 612.90		679.93	4 292.83
小计	45 073.32	17 217.55	2 675.71	64 966.58

相应会计分录如下。

借：辅助生产成本——设备部　　　　　　　3 708.09

　　辅助生产成本——品保部　　　　　　　3 878.60

　　制造费用——生产一部　　　　　　　　14 162.67

　　　　　　——生产二部　　　　　　　　16 575.73

　　　　　　——生产三部　　　　　　　　9 435.70

　　管理费用　　　　　　　　　　　　　　12 912.96

　　销售费用　　　　　　　　　　　　　　4 292.83

　贷：累计折旧——房屋建筑　　　　　　　　　　45 073.32

　　　　　　——机器设备　　　　　　　　　　17 217.55

　　　　　　——办公设备　　　　　　　　　　2 675.71

5. 辅助生产费用分配汇总

参照表 4-11 已经汇总好的辅助生产车间——设备部当月所产生的相关费用，在如表 4-14（同表 A-10）进行分配的同时，逐笔登记设备部相应的明细分类账簿（见表 A-8）。

表 A-8　辅助生产成本明细账 1

科目名称：生产成本——辅助生产成本——设备部　　　　　　　　（单位：元）

月	日	凭证号	摘要	借方	贷方	借/贷	余额
11	1		期初余额			平	0.00
11	3		设备部培训费	3 000.00		借	3 000.00
11	6		设备部购买办公用品	820.00		借	3 820.00
11	10		设备部领用工具器具	1 320.00		借	5 140.00
11	14		设备部差旅费	2 280.00		借	7 420.00
11	18		设备部招待费	1 620.00		借	9 040.00
11	26		设备部购买工具一批	3 250.00		借	12 290.00
11	30		分配材料	9 463.45		借	21 753.45
11	30		计提人工工资	25 132.80		借	46 886.25
11	30		分配电费	14 784.00		借	61 670.25
11	30		分配水费	416.00		借	62 086.25
11	30		计提设备折旧	3 708.09		借	65 794.34
11	30		分配转出辅助费用		65 794.34	平	0.00

参照表 4-12 已经汇总好的辅助生产车间——品保部当月所产生的相关费用，在如表 4-14（同表 A-10）进行分配的同时，逐笔登记品保部相应的明细分类账簿（见表 A-9）。

表 A-9　辅助生产成本明细账 2

科目名称：生产成本——辅助生产成本——品保部　　　　　　　　（单位：元）

月	日	凭证号	摘要	借方	贷方	借/贷	余额
11	1		期初余额				0.00
11	5		品保部员工技能培训	4 200.00		借	4 200.00
11	6		品保部购买办公用品	680.00		借	4 880.00
11	10		品保部领用工具器具	1 280.00		借	6 160.00
11	14		品保部差旅费	1 820.00		借	7 980.00
11	18		品保部招待费	1 840.00		借	9 820.00
11	23		品保部购买工具一批	1 230.00		借	11 050.00
11	30		分配材料	6 435.15		借	17 485.15

（续）

月	日	凭证号	摘要	借方	贷方	借/贷	余额
11	30		计提人工工资	40 369.56		借	57 854.71
11	30		分配电费	11 264.00		借	69 118.71
11	30		分配水费	384.00		借	69 502.71
11	30		计提设备折旧	3 878.60		借	73 381.31
11	30		设备部费用分配转入	5140.00		借	78 521.31
11	30		分配转出辅助费用		78 521.31	平	0.00

　　由于案例公司规定辅助生产车间的费用采用顺序分配法进行分配。恰巧公司辅助生产车间只有两个，其中设备部没有消耗品保部所提供的服务，因此下列顺序分配法（见表A-10）的分配结果正巧与交互分配法的分配结果（见表4-14）相同。

表 A-10　辅助生产费用分配表

20×× 年 11 月　　　　　　　　　（金额单位：元）

项目			设备部			品保部			合计
			数量	分配率	分配金额	数量	分配率	分配金额	
待分配辅助费用总额			640		65 794.34	1280		78 521.31	139 175.65
顺序分配	设备部								
	品保部		50		5 140.00				
	基本生产车间	生产一部	156	102.80	16 036.80	352	61.34	21 591.68	37 628.48
		生产二部	210		21 588.00	420		25 762.80	47 350.80
		生产三部	162		16 653.60	508		31 160.72	47 814.32
	行政管理部门		62		6 375.94			6.11（误差）	6 382.05
	合计		640		65 794.34	1280		78 521.31	139 175.65

注：计算误差最终归入管理费用。

　　相关会计分录如下。

　　1）设备部进行分配时的会计分录：

　　　借：辅助生产成本——品保部　　　　　　　　　5 140.00

制造费用

　　——生产一部——辅助生产费用　　16 036.80

　　——生产二部——辅助生产费用　　21 588.00

　　——生产三部——辅助生产费用　　16 653.60

管理费用——辅助生产费用　　6 375.94

贷：辅助生产费用——设备部　　65 794.34

2）品保部进行分配时的分录：

借：制造费用

　　——生产一部——辅助生产费用　　21 591.68

　　——生产二部——辅助生产费用　　25 762.80

　　——生产三部——辅助生产费用　　31 160.72

管理费用——辅助生产费用　　6.11

贷：辅助生产费用——品保部　　78 521.31

6. 制造费用归集

此处制造费用明细账主要参照表 2-117 所给的除本书数据外的其他项目金额、表 2-79～表 2-83（退料单）和表 2-84～表 2-87（其他领料单）的金额计算汇总，以及表 A-3～表 A-10 中相关工资（含社保）、水电费、折旧费、辅助生产部门分配转入费用等相应数据逐笔登记（见表 A-11）。

表 A-11　制造费用明细账

科目名称：制造费用——生产二部　　　　　　　　　　　　　　　（单位：元）

月	日	凭证号	摘要	借方	贷方	借/贷	余额
11	1		期初余额			借	0
……	……	……	……		……	……	……
11	30	……	……		……	借	658 20.00
11	30		分配材料	5 158.80		借	70 978.80
			材料退回		10 077.00		60 901.80
11	30		计提人工工资	17 121.72（含社保）		借	78 023.52

(续)

月	日	凭证号	摘要	借方	贷方	借/贷	余额
11	30		分配电费	2 816.00		借	80 839.52
11	30		分配水费	48.00		借	80 887.52
11	30		计提设备折旧	16 575.73		借	97 463.25
11	30		分摊设备车间成本	21 588.00		借	119 051.25
11	30		分摊品保车间成本	25 762.80		借	144 814.05
11	30		分配转出至各产品生产成本		144 814.05	平	0

月末制造费用结转入各具体产品时，按照各产品耗用工时进行分配，因各批次产品较多，本处不一一列出，具体各批次分配制造费用金额见下面"生产成本计算单"所列。制造费用结转的相关会计分录如下。

借：生产成本——生产二部（制造费用）　　144 814.05
　　贷：制造费用——生产二部　　　　　　　　　　　144 814.05

7. 各生产单号投产量及定额物料领用量汇总

由于原材料是在产品投产时一次性投入的，因此期初在产品本期已经无须追加投入原材料，表 A-12～表 A-16 只根据表 2-27～表 2-52 统计当期投入的各生产任务单不同生产单号投产量与定额物料领用量[⊖]。

表 A-12　产品编码：S-AT**FE1 任务单定额物料领用量统计

生产单号	S1101001	S1101002	S1104006	S1114016	S1115017	S1116018
对应生产任务单表号	表 2-27	表 2-28	表 2-32	表 2-42	表 2-43	表 2-44
投产量	35 550	27 420	24 860	42 600	60 000	30 000
物料代码						
B-002	14 220	10 968	9 944	17 040	24 000	12 000
X-R001			24 860		60 000	
X-B006			24 860		60 000	
A-002	7 110	5 484	4 972	8 520	12 000	6 000

⊖ 标准数量单位对应各物料实物量单位。

（续）

生产单号	S1101001	S1101002	S1104006	S1114016	S1115017	S1116018
E-001	7 821	6 032.40	5469.20	9 372	13 200	6 600
E-002	10 665	8 226	7 458	12 780	18 000	9 000
X-R002	35 550	27 420		42 600		30 000
X-G003	35 550	27 420	24 860	42 600	60 000	30 000
X-B009	35 550	27 420		42 600		30 000
Y-ATF001	35 550	27 420	24 860	42 600	60 000	30 000

表 A-13　产品编码：S-AS**WS2 任务单定额物料领用量统计

生产单号	S1101003	S1102004	S1103005	S1118020	S1130026
对应生产任务单表号	表 2-29	表 2-30	表 2-31	表 2-46	表 2-52
投产量	12 480	8 330	49 300	24 000	21 550
物料代码					
X-B001	12 480		49 300	24 000	21 550
Y-ASW001	12 480	8 330	493 00	24 000	21 550
A-001	748.80	499.80	2 958	1 440	1 293
B-001	2 620.80	1749.30	10 353	5 040	4 525.50
S-001	1 872	1249.50	7 395	3 600	3 232.50
S-002	998.40	666.40	3 944	1 920	1 724
C-001	624	416.50	2 465	1 200	1 077.50
C-002	748.80	499.80	2 958	1 440	1 293
X-B003		8 330			

表 A-14　产品编码：S-BT**FE1 任务单定额物料领用量统计

生产单号	S1104007	S1107010
对应生产任务单表号	表 2-33	表 2-36
投产量	82 100	42 300
物料代码		
A-001	4 926	2 538
X-R001	82 100	42 300
X-G001	82 100	42 300
X-B006	82 100	42 300
Y-BTF001	82 100	42 300

(续)

生产单号	S1104007	S1107010
A-002	16 420	8 460
B-003	49 260	25 380
E-001	41 050	21 150
E-002	42 692	21 996

表 A-15　产品编码：S-BT**WS2 任务单定额物料领用量统计

生产单号	S1107009	S1114015	S1120021	S1121022	S1124023	S1125024
对应生产任务单表号	表 2-35	表 2-41	表 2-47	表 2-48	表 2-49	表 2-50
投产量	45 000	21 540	31 240	29 100	38 420	27 640
物料代码						
A-001	9 000	4 308	6 248	5 820	7 684	5 528
S-001	9 000	4 308	6 248	5 820	7 684	5 528
S-002	12 600	6 031.20	8 747.20	8 148	10 757.60	7 739.20
C-001	2 250	1 077	1 562	1 455	1 921	1 382
C-002	2 700	1 292.40	1 874.40	1 746	2 305.20	1 658.40
X-B005	135 000	64 620	93 720		115 260	82 920
Y-BTW001	45 000	21 540	31 240	29 100	38 420	27 640
B-002	5 400	2 584.80	3 748.80	3 492	4 610.40	3 316.80
X-B009				87 300		

8. 各生产单号产品生产领料成本汇总⊖

表 A-17 与表 A-18 所示的是根据表 A-12 及表 A-2 中的发出材料单价计算的 S-AT**FE1（2835 全彩）产品各生产单号实际材料领用量金额。

表 A-19 与表 A-20 所示的是根据表 A-13 及表 A-2 中的发出材料单价计算的 S-AS**WS2（2835 白光）产品各生产单号实际材料领用量金额。

表 A-21 所示的是根据表 A-14 及表 A-2 中的发出材料单价计算的 S-BT**FE1（5050 全彩）产品各生产单号实际材料领用量金额。

⊖ 为使数据更精确，物料单价保留三位小数。

表 A-16 产品编码：S-CS**WS2 任务单定额物料领用量统计

生产单号	S1104008	S1109011	S1110012	S1111013	S1111014	S1116019	S1128025
对应生产任务单表号	表 2-34	表 2-37	表 2-38	表 2-39	表 2-40	表 2-45	表 2-51
投产量	25 000	25 280	30 000	18 200	31 200	13 000	74 840
物料代码							
X-B001		25 280					
A-001	2 500	2 528	3 000	1 820	3 120	1 300	7 484
B-001	7 500	7 584	9 000	5 460	9 360	3 900	22 452
S-001	3 750	3 792	4 500	2 730	4 680	1 950	11 226
S-002	7 500	7 584	9 000	5 460	9 360	3 900	22 452
C-001	1 250	1 264	1 500	910	1 560	650	3 742
C-002	250	252.80	300	182	312	130	748.40
X-B003	25 000		30 000		31 200	13 000	74 840
Y-CSW001	25 000	25 280	30 000	18 200	31 200	13 000	74 840
X-B005				18 200			

表 A-17 S-AT**FE1 各生产单号实际材料领用统计

(金额单位：元)

生产单号		S1101001		S1101002		S1104006	
对应生产任务单表号		表 2-27		表 2-28		表 2-32	
对应生产领（退）料单表号		表 2-53 领料单、表 2-79 退料单		表 2-54 领料单		表 2-58 领料单	
投产量		35550		27420		24860	
物料代码	平均单价	实领量	金额	实领量	金额	实领量	金额
X-R001	0.092	35 400	2 690.400	27 420	2 083.920	24 860	2 287.120
X-R002	0.076	35 430	10 947.870	27 420	8 472.780	24 860	7 681.740
X-G003	0.309	35 364	8 841.000			24 860	5 121.160
X-B006	0.206						
X-B009	0.250	35 490	5 500.950	27 420	6 855.000		
Y-ATF001	0.155	7 110	284 975.910	5 484	4 250.100	24 860	3 853.300
A-002	40.081	14 220	129 743.280	10 968	219 804.204	4 972	199 282.732
B-002	9.124	7 821	3 112.758	6 033	100 072.032	9 944	90 729.056
E-001	0.398	10 665	3 967.380	8 226	2 401.134	5 470	2 177.060
E-002	0.372				3 060.072	7 458	2 774.376
合计			449 779.548		346 999.242		313 906.544

表 A-18　S-AT**FE1 各生产单号实际材料领用统计（续）

（金额单位：元）

生产单号		S1114016		S1115017		S1116018	
对应生产任务单表号		表 2-42		表 2-43		表 2-44	
对应生产领（退）料单表号		表 2-68 领料单		表 2-69 领料单		表 2-70 领料单	
投产量		42 600		60 000		30 000	
物料代码	平均单价	实领量	金额	实领量	金额	实领量	金额
X-R001	0.092			60 000	5 520.000		
X-R002	0.076	42 600	3 237.600			30 000	2 280.000
X-G003	0.309	42 600	13 163.400	60 000	18 540.000	30 000	9 270.000
X-B006	0.206			60 000	12 360.000		
X-B009	0.250	42 600	10 650.000			30 000	7 500.000
Y-ATF001	0.155	42 600	6 603.000	60 000	9 300.000	30 000	4 650.000
A-002	40.081	8 520	341 490.120	12 000	480 972.000	6 000	240 486.000
B-002	9.124	17 040	155 472.960	24 000	218 976.000	12 000	109 488.000
E-001	0.398	9 372	3 730.056	13 200	5 253.600	6 600	2 626.800
E-002	0.372	12 780	4 754.160	18 000	6 696.000	9 000	3 348.000
合计			539 101.296		757 617.600		379 648.800

表 A-19　S-AS**WS2 各生产单号实际材料领用统计

（金额单位：元）

生产单号		S1101003		S1102004		S1103005	
对应生产任务单表号		表 2-29		表 2-30		表 2-31	
对应生产领（退）料单表号		表 2-55 领料单		表 2-56 领料单		表 2-57 领料单	
投产量		12480		8330		49300	
物料代码	平均单价	实领量	金额	实领量	金额	实领量	金额
X-B001	0.475	12 480	5 928.000			49 300	23 417.500
X-B003	0.400			8 330	3 332.000		
Y-ASW001	0.086	12 480	1 073.280	8 330	716.380	49 300	4 239.800
A-001	72.433	749	54 252.317	500	36 216.500	2 958	214 256.814
B-001	7.118	2 621	18 656.278	1 750	12 456.500	10 353	73 692.654
S-001	18.192	1 872	34 055.424	1 250	22 740.000	7 395	134 529.840
S-002	18.077	999	18 058.923	667	12 057.359	3 944	71 295.688
C-001	46.961	624	29 303.664	417	19 582.737	2 465	115 758.865
C-002	509.952	749	381 954.048	500	254 976.000	2 958	1 508 438.016
合计			543 281.934		362 077.476		2 145 629.177

表 A-20 S-AS**WS2 各生产单号实际材料领用统计（续）

（金额单位：元）

生产单号		S1118020		S1130026	
对应生产任务单表号		表 2-46		表 2-52	
对应生产领（退）料单表号		表 2-72 领料单		表 2-78 领料单	
投产量		24 000		21 550	
物料代码	平均单价	实领量	金额	实领量	金额
X-B001	0.475	24 000	11 400.000	21 550	10 236.250
X-B003	0.400				
Y-ASW001	0.086	24 000	2 064.000	21 550	1 853.300
A-001	72.433	1 440	104 303.520	1 293	93 655.869
B-001	7.118	5 040	35 874.720	4 526	32 216.068
S-001	18.192	3 600	65 491.200	3 233	58 814.736
S-002	18.077	1 920	34 707.840	1 724	31 164.748
C-001	46.961	1 200	56 353.200	1 078	50 623.958
C-002	509.952	1 440	734 330.880	1 293	659 367.936
合计			1 044 525.360		937 932.865

表 A-21 S-BT**FE1 各生产单号实际材料领用统计

（金额单位：元）

生产单号		S1104007		S1107010	
对应生产任务单表号		表 2-33		表 2-36	
对应生产领（退）料单表号		表 2-59 领料单、表 2-80 退料单		表 2-62 领料单	
投产量		82 100		42 300	
物料代码	平均单价	实领量	金额	实领量	金额
X-R001	0.092	81 842	7 529.464	42 300	3 891.600
X-G001	0.230	81 870	18 830.100	42 300	9 729.000
X-B006	0.206	81 840	16 859.040	42 300	8 713.800
Y-BTF001	0.505	82 060	41 440.300	42 300	21 361.500
A-001	72.433	4 926	356 804.958	2 538	183 834.954
A-002	40.081	16 420	658 130.020	8 460	339 085.260
B-003	7.375	49 260	363 292.500	25 380	187 177.500
E-001	0.398	41 050	16 337.900	21 150	8 417.700
E-002	0.372	42 692	15 881.424	21 996	8 182.512
合计			1 495 105.706		770 393.826

表 A-22 与表 A-23 所示的是根据表 A-15 及表 A-2 中的发出材料单价计算的 S-BT**WS2（5050 白光）产品各生产单号实际材料领用量金额。

表 A-24 与表 A-25 所示的是根据表 A-16 及表 A-2 中的发出材料单价计算的 S-CS**WS2（2030 白光）产品各生产单号实际材料领用量金额。

按照上述各生产任务单汇总的各批次生产领料金额如表 A-26 所示。

表 A-22　S-BT**WS2 各生产单号实际材料领用统计

（金额单位：元）

生产单号		S1107009		S1114015		S1120021	
对应生产任务单表号		表 2-35		表 2-41		表 2-47	
对应生产领（退）料单表号		表 2-61 领料单		表 2-67 领料单		表 2-73 领料单	
投产量		45 000		21 540		31 240	
物料代码	平均单价	实领量	金额	实领量	金额	实领量	金额
X-B005	0.360	135 000	48 600.000	64 620	23 263.200	93 720	33 739.200
Y-BTW001	0.313	45 000	14 085.000	21 540	6 742.020	31 240	9 778.120
A-001	72.433	9 000	651 897.000	4 308	312 041.364	6 248	452 561.384
B-002	9.124	5 400	49 269.600	2 585	23 585.540	3749	34 204.051
S-001	18.192	9 000	163 728.000	4 308	78 371.136	6 248	113 663.616
S-002	18.077	12 600	227 770.200	6 032	109 040.464	8748	158 123.134
C-001	46.961	2 250	105 662.250	1 077	50 576.997	1 562	73 353.082
C-002	509.952	2 700	1 376 870.400	1 293	659 367.936	1875	955 854.0288
合计			2 637 882.450		1 262 988.657		1 831 276.616

表 A-23　S-BT**WS2 各生产单号实际材料领用统计（续）

（金额单位：元）

生产单号		S1121022		S1124023		S1125024	
对应生产任务单表号		表 2-48		表 2-49		表 2-50	
对应生产领（退）料单表号		表 2-74 领料单		表 2-75 领料单、表 2-81 退料单		表 2-76 领料单	
投产量		29 100		38 420		27 640	
物料代码	平均单价	实领量	金额	实领量	金额	实领量	金额
X-B005	0.360			115 170	41 461.200	82 920	29 851.200
X-B009	0.250	87 300	21 825.000				
Y-BTW001	0.313	29 100	9 108.300	38 390	12 016.070	27 640	8 651.320
A-001	72.433	5 820	421 560.060	7 684	556 575.172	5 528	400 409.624
B-002	9.124	3 492	31 861.008	4 611	42 070.764	3 317	30 264.308
S-001	18.192	5 820	105 877.440	7 684	139 787.328	5 528	100 565.376
S-002	18.077	8 148	147 291.396	10 758	194 472.366	7 740	139 915.980
C-001	46.961	1 455	68 328.255	1 921	90 212.081	1 382	64 900.102
C-002	509.952	1 746	890 376.192	2 306	1 175 949.312	1 659	846 010.368
合计			1 696 227.651		2 252 544.293		1 620 568.278

表 A-24　S-CS**WS2 各生产单号实际材料领用统计

（金额单位：元）

生产单号	S1104008		S1109011		S1110012		S1111013	
对应生产任务单表号	表 2-34		表 2-37		表 2-38		表 2-39	
对应生产领（退）料单表号	表 2-60 领料单		表 2-63 领料单		表 2-64 领料单		表 2-65 领料单	
投产量	25 000		25 280		30 000		18 200	
物料代码	平均单价	实领量	金额	实领量	金额	实领量	金额	实领量	金额
X-B001	0.475	25 000	10 000.000	25 280	12 008.000				
X-B003	0.400					30 000	12 000.000		
X-B005	0.360							18 200	6 552.000
Y-CSW001	0.180	25 000	4 500.000	25 280	4 550.400	30 000	5 400.000	18 200	3 276.000
A-001	72.433	2 500	181 082.500	2 528	183 110.624	3 000	217 299.000	1 820	131 828.060
B-001	7.118	7 500	53 385.000	7 584	53 982.912	9 000	64 062.000	5 460	38 864.280
S-001	18.192	3 750	68 220.000	3 792	68 984.064	4 500	81 864.000	2 730	49 664.160
S-002	18.077	7 500	135 577.500	7 584	137 095.968	9 000	162 693.000	5 460	98 700.420
C-001	46.961	1 250	58 701.250	1 264	59 358.704	1 500	70 441.500	910	42 734.510
C-002	509.952	250	127 488.000	253	129 017.856	300	152 985.600	182	92 811.264
合计			638 954.250		648 108.528		766 745.100		464 430.694

表 A-25 S-CS**WS2 各生产单号实际材料领用统计（续）

(金额单位：元)

生产单号	S1111014		S1116019		S1128025	
对应生产任务单表号	表 2-40		表 2-45		表 2-51	
对应生产领(退)料单表号	表 2-66 领料单		表 2-71 领料单		表 2-77 领料单	
投产量	31 200		13 000		74 840	
物料代码 / 平均单价	实领量	金额	实领量	金额	实领量	金额
X-B003　0.400	31 200	12 480.000	13 000	5 200.000	74 840	29 936.000
Y-CSW001　0.180	31 200	5 616.000	13 000	2 340.000	74 840	13 471.200
A-001　72.433	3 120	225 990.960	1 300	94 162.900	7 484	542 088.572
B-001　7.118	9 360	66 624.480	3 900	27 760.200	22 452	159 813.336
S-001　18.192	4 680	85 138.560	1 950	35 474.400	11 226	204 223.392
S-002　18.077	9 360	169 200.720	3 900	70 500.300	22 452	405 864.804
C-001　46.961	1 560	73 259.160	650	30 524.650	3 742	175 728.062
C-002　509.952	312	159 105.024	130	66 293.760	749	381 954.048
合计		797 414.904		332 256.210		1 913 079.414

表 A-26 各生产任务单领取材料汇总表（含四舍五入计算误差）

所属年月：20××年11月　　　　　（金额单位：元）

序号	生产单号	成品编码	成品名称	生产领料	生产退料	实际消耗
1	S1101001	S-AT**FE1		449 883.828	104.280	449 779.548
2	S1101002	S-AT**FE1		346 999.242		346 999.242
3	S1101003	S-AS**WS2		543 281.934		543 281.934
4	S1102004	S-AS**WS2		362 077.476		362 077.476
5	S1103005	S-AS**WS2		2 145 629.177		2 145 629.177
6	S1104006	S-AT**FE1		313 906.544		313 906.544
7	S1104007	S-BT**FE1		1 495 256.102	150.396	1 495 105.706
8	S1104008	S-CS**WS2		638 954.250		638 954.250
9	S1107009	S-BT**WS2		2 637 882.450		2 637 882.450
10	S1107010	S-BT**FE1		770 393.826		770 393.826
11	S1109011	S-CS**WS2		648 108.528		648 108.528
12	S1110012	S-CS**WS2		766 745.100		766 745.100
13	S1111013	S-CS**WS2		464 430.694		464 430.694
14	S1111014	S-CS**WS2		797 414.904		797 414.904
15	S1114015	S-BT**WS2		1 262 988.657		1 262 988.657
16	S1114016	S-AT**FE1		539 101.296		539 101.296
17	S1115017	S-AT**FE1		757 617.600		757 617.600
18	S1116018	S-AT**FE1		379 648.800		379 648.800
19	S1116019	S-CS**WS2		332 256.210		332 256.210
20	S1118020	S-AS**WS2		1 044 525.360		1 044 525.360
21	S1120021	S-BT**WS2		1 831 276.616		1 831 276.616
22	S1121022	S-BT**WS2		1 696 227.651		1 696 227.651
23	S1124023	S-BT**WS2		2 252 586.083	41.790	2 252 544.293
24	S1125024	S-BT**WS2		1 620 568.278		1 620 568.278
25	S1128025	S-CS**WS2		1 913 079.414		1 913 079.414
26	S1130026	S-AS**WS2		937 932.865		937 932.865
合计				26 948 772.885	296.466	26 948 476.419

9. 本期各批次产品生产工时统计（含期初在产品本期工时）

表 A-27 产品数量及生产工时统计表

生产部门：生产二部　　　　　　　　　　　　　所属期间：20××年11月

生产单号	成品编码	投产产品数量	期初在产品工时	本期投产工时	本期完工产品工时	期末在产品工时	本期完工产品数量	期末在产品数量
S1026021	S-AT**FE1	3 700	977	8 639	9 616	0	3 700	
S1027023		1 670	250	4 058	4 308	0	1 670	
S1029025		1 760	263	4 269	4 532	0	1 760	
S1022018	S-BT**FE1	2 532	1 220	10 390	11 610	0	2 532	
S1030026		1 360	370	5 847	6 217	0	1 360	
S1021015	S-BT**WS2	415	510	1 952	2 462	0	415	
S1028024		350	260	1 936	2 196	0	350	
S1021016	S-AS**WS2	268	170	1 396	1 566	0	268	
S1021017		330	224	1 820	2 044	0	330	
S1101001	S-AT**FE1	35 550		11 021	11 021	0	35 550	
S1101002		27 420		8 503	8 503	0	27 420	
S1104006		24 860		7 692	7 692	0	24 860	
S1114016		42 600		13 253	13 253	0	42 600	
S1115017		60 000		18 402	18 402	0	60 000	
S1116018		30 000		9 255	9 255	0	30 000	
S1101003	S-AS**WS2	12 480		2 004	2 004	0	12 480	
S1102004		8 330		1 334	1 334	0	8 330	
S1103005		49 300		7 829	4 848	2 981	30 300	19 000
S1118020		24 000		3 888	3 888	0	24 000	
S1130026		21 550		1 268	0	1 268	0	21 550
S1104007	S-BT**FE1	82 100		41 083	41 083	0	82 100	
S1107010		42 300		21 133	21 133	0	42 300	
S1107009	S-BT**WS2	45 000		9 851	9 851	0	45 000	
S1114015		21 540		4 668	4 668	0	21 540	
S1120021		31 240		6 888	6 888	0	31 240	
S1121022		29 100		5 612	4 400	1 212	20 000	9 100
S1124023		38 420		4 960	2 940	2 020	13 420	25 000
S1125024		27 640		1 426	0	1 426	0	27 640

（续）

生产单号	成品编码	投产产品数量	期初在产品工时	本期投产工时	本期完工产品工时	期末在产品工时	本期完工产品数量	期末在产品数量
S1104008		25 000		2 505	2 505	0	25 000	
S1109011		25 280		2 869	2 869	0	25 280	
S1110012		30 000		2 904	2 904	0	30 000	
S1111013	S-CS**WS2	18 200		1 862	1 862	0	18 200	
S1111014		31 200		3 108	3 108	0	31 200	
S1116019		13 000		1 299	1 299	0	13 000	
S1128025		74 840		2 608	0	2 608	0	74 840
合计			4 244	237 532	230 261	11 515		

10. 在产品期初料—工—费计算

根据表 2-16 "在产品明细汇总表"及表 2-17 "生产成本二级明细账"有关期初在产品的成本资料，可以计算得出各批次期初在产品直接材料、直接人工、燃料动力及制造费用的具体数据，如表 A-28 所示。其中"直接材料"整理自表 2-16，"直接人工、燃料动力及制造费用"则分别以表 2-17 中相应金额按照各批次在产品期初工时在期初总工时中所占比例分配得出，即：

$$\text{各批次在产品期初直接人工（燃料动力、制造费用）} = \text{表 2-17 中直接人工（燃料动力、制造费用）金额} \times \frac{\text{各批次在产品期初工时}}{\text{期初在产品工时总和}}$$

表 A-28　期初在产品料—工—费数据

（金额单位：元）

生产单号	产品代码	在产品数量	工时	直接材料	直接人工	燃料动力	制造费用
S1026021		3 700	977	29 045.200	824.142	244.020	2 069.564
S1027023	S-AT**FE1	1 670	250	13 229.000	210.886	62.441	529.571
S1029025		1 760	263	14 181.200	221.852	65.688	557.109
S1022018	S-BT**FE1	2 532	1 220	24 538.600	1 029.123	304.713	2 584.307
S1030026		1 360	370	13 613.400	312.111	92.413	783.765
S1021015	S-BT**WS2	415	510	19 226.100	430.207	127.380	1 080.325
S1028024		350	260	16 251.800	219.321	64.939	550.754
S1021016	S-AS**WS2	268	170	8 402.600	143.402	42.460	360.108
S1021017		330	224	10 136.600	188.954	55.947	474.496
合计			4 244	148 624.500	3 580.000	1 060.000	8 990.000

注：因四舍五入，表中数据有尾差。

11. 各批次产品成本计算单

如表 A-29～表 A-63 所示的各项产品成本计算单中，"投产数量"见对应生产单号的"生产任务单"，"本期完工数量"见对应生产单号的"生产入库单"，期初余额来自表 A-28，"本月发生额"中的"直接材料"来自表 A-26；"直接人工"根据表 2-109"工时统计汇总表"及表 4-6"生产二部工资费用分配表"并加计工资总额的 30.9%（由企业承担的"五险一金"）计算而得；"燃料动力"根据表 2-109"工时统计汇总表"及表 2-110"电费结算汇总表"（或表 4-8"生产用电费用分配表"）、表 2-111"水费结算汇总表"等计算而得；"制造费用"根据表 A-11"制造费用明细账"及表 2-109"工时统计汇总表"分配计算而得。

表 A-29　产品成本计算单 1

生产单号：S1021015　　　　产品编码：S-BT**WS2　　　　本期工时：1 952
投产数量：415　　　　　　　本期完工数量：415

20××年		摘要	直接材料	直接人工	燃料动力	制造费用	合计
月	日						
10	31	期初余额	19 226.100	430.207	127.380	1080.325	20 864.012
11	30	本月发生额	0	1882.502	616.535	1190.059	3 689.096
		累计数	19 226.100	2312.709	743.915	2270.384	24 553.108
		本月转出完工产品	19 226.100	2312.709	743.915	2270.384	24 553.108
		月末在产品	0	0	0	0	
		完工产品单位成本					59.164

注：对应表 2-16、表 2-17 期初在产品资料。

表 A-30　产品成本计算单 2

生产单号：S1021016　　　产品编码：S-AS**WS2　　　本期工时：1 396
投产数量：268　　　　　本期完工数量：268

20××年		摘要	直接材料	直接人工	燃料动力	制造费用	合计
月	日						
10	31	期初余额	8 402.600	143.402	42.460	360.108	8 948.570
11	30	本月发生额	0	1346.297	440.924	851.087	2638.308
		累计数	8 402.600	1 489.699	483.384	1 211.195	11 586.878
		本月转出完工产品	8 402.600	1 489.699	483.384	1 211.195	11 586.878
		月末在产品	0	0	0	0	0
		完工产品单位成本					43.235

注：对应表 2-16、表 2-17 期初在产品资料。

表 A-31　产品成本计算单 3

生产单号：S1021017　　　产品编码：S-AS**WS2　　　本期工时：1 820
投产数量：330　　　　　本期完工数量：330

20××年		摘要	直接材料	直接人工	燃料动力	制造费用	合计
月	日						
10	31	期初余额	10 136.600	188.954	55.947	474.496	10 855.997
11	30	本月发生额	0	1755.201	574.843	1109.583	3439.627
		累计数	10 136.600	1 944.155	630.790	1 584.079	14 295.624
		本月转出完工产品	10 136.600	1 944.155	630.790	1 584.079	14 295.624
		月末在产品	0	0	0	0	0
		完工产品单位成本					43.320

注：对应表 2-16、表 2-17 期初在产品资料。

表 A-32　产品成本计算单 4

生产单号：S1022018　　　产品编码：S-BT**FE1　　　本期工时：10 390
投产数量：2 532　　　　本期完工数量：2 532

20××年		摘要	直接材料	直接人工	燃料动力	制造费用	合计
月	日						
10	31	期初余额	24 538.600	1 029.123	304.713	2 584.307	28 456.743
11	30	本月发生额	0	10 020.078	3 281.660	6 334.380	19 636.118
		累计数	24 538.600	11 049.201	3 586.373	8 918.687	48 092.861
		本月转出完工产品	24 538.600	11 049.201	3 586.373	8 918.687	48 092.861
		月末在产品	0	0	0	0	0
		完工产品单位成本					18.994

注：对应表 2-16、表 2-17 期初在产品资料。

表 A-33　产品成本计算单 5

生产单号：S1026021　　　产品编码：S-AT**FE1　　　本期工时：8 639
投产数量：3 700　　　　本期完工数量：3 700

20××年		摘要	直接材料	直接人工	燃料动力	制造费用	合计
月	日						
10	31	期初余额	29 045.200	824.142	244.020	2 069.564	32 182.926
11	30	本月发生额	0	8 331.420	2 728.611	5 266.863	16 326.894
		累计数	29 045.200	9 155.562	2 972.631	7 336.427	48 509.820
		本月转出完工产品	29 045.200	9 155.562	2 972.631	7 336.427	48 509.820
		月末在产品	0	0	0	0	0
		完工产品单位成本					13.111

注：对应表 2-16、表 2-17 期初在产品资料。

表A-34　产品成本计算单6

生产单号：S1027023　　　产品编码：S-AT**FE1　　　本期工时：4 058
投产数量：1 670　　　　　本期完工数量：1 670

20××年		摘要	直接材料	直接人工	燃料动力	制造费用	合计
月	日						
10	31	期初余额	13 229.000	210.886	62.441	529.571	14 031.898
11	30	本月发生额	0	3 913.520	1 281.711	2474.005	7 669.236
		累计数	13 229.000	4 124.406	1 344.152	3 003.576	21 701.134
		本月转出完工产品	13 229.000	4 124.406	1 344.152	3 003.576	21 701.134
		月末在产品	0	0	0	0	0
		完工产品单位成本					12.995

注：对应表2-16、表2-17期初在产品资料。

表A-35　产品成本计算单7

生产单号：S1028024　　　产品编码：S-BT**WS2　　　本期工时：1 936
投产数量：350　　　　　　本期完工数量：350

20××年		摘要	直接材料	直接人工	燃料动力	制造费用	合计
月	日						
10	31	期初余额	16 251.800	219.321	64.939	550.754	17 086.814
11	30	本月发生额	0	1867.071	611.482	1180.304	3 658.857
		累计数	16 251.800	2 086.392	676.421	1 731.058	20 745.671
		本月转出完工产品	16 251.800	2 086.392	676.421	1 731.058	20 745.671
		月末在产品	0	0	0	0	0
		完工产品单位成本					59.273

注：对应表2-16、表2-17期初在产品资料。

表 A-36　产品成本计算单 8

生产单号：S1029025　　　　产品编码：S-AT**FE1　　　　本期工时：4 269
投产数量：1 760　　　　　　本期完工数量：1 760

20××年		摘要	直接材料	直接人工	燃料动力	制造费用	合计
月	日						
10	31	期初余额	14 181.200	221.852	65.688	557.109	15 025.849
11	30	本月发生额	0	4 117.008	1 348.355	2 602.644	8 068.007
		累计数	14 181.200	4 338.860	1 414.043	3 159.753	23 093.856
		本月转出完工产品	14 181.200	4 338.860	1 414.043	3 159.753	23 093.856
		月末在产品	0	0	0	0	0
		完工产品单位成本					13.122

注：对应表 2-16、表 2-17 期初在产品资料。

表 A-37　产品成本计算单 9

生产单号：S1030026　　　　产品编码：S-BT**FE1　　　　本期工时：5 847
投产数量：1 360　　　　　　本期完工数量：1 360

20××年		摘要	直接材料	直接人工	燃料动力	制造费用	合计
月	日						
10	31	期初余额	13 613.400	312.111	92.413	783.765	14 801.689
11	30	本月发生额	0	5 638.826	1 846.763	3 564.689	11 050.278
		累计数	13 613.400	5 950.937	1 939.176	4 348.454	25 851.967
		本月转出完工产品	13 613.400	5 950.937	1 939.176	4 348.454	25 851.967
		月末在产品	0	0	0	0	0
		完工产品单位成本					19.009

注：对应表 2-16、表 2-17 期初在产品资料。

表 A-38　产品成本计算单 10

生产单号：S1101001　　产品编码：S-AT**FE1　　本期工时：11 021
投产数量：35 550　　　本期完工数量：35 550

20××年		摘要	直接材料	直接人工	燃料动力	制造费用	合计
月	日						
10	31	期初余额	0	0	0	0	0
11	30	本月发生额	449 779.548	10 628.612	3 480.960	6 719.076	470 608.196
		累计数	449 779.548	10 628.612	3 480.960	6 719.076	470 608.196
		本月转出完工产品	449 779.548	10 628.612	3 480.960	6 719.076	470 608.196
		月末在产品	0	0	0	0	0
		完工产品单位成本					13.238

注：对应表 2-53 的生产领料单。

表 A-39　产品成本计算单 11

生产单号：S1101002　　产品编码：S-AT**FE1　　本期工时：8 503
投产数量：27 420　　　本期完工数量：27 420

20××年		摘要	直接材料	直接人工	燃料动力	制造费用	合计
月	日						
10	31	期初余额	0	0	0	0	0
11	30	本月发生额	346 999.242	8 200.262	2 685.655	5 183.949	363 069.108
		累计数	346 999.242	8 200.262	2 685.655	5 183.949	363 069.108
		本月转出完工产品	346 999.242	8 200.262	2 685.655	5 183.949	363 069.108
		月末在产品	0	0	0	0	0
		完工产品单位成本					13.241

注：对应表 2-54 的生产领料单。

表 A-40 产品成本计算单 12

生产单号：S1101003　　　　产品编码：S-AS**WS2　　　　本期工时：2 004
投产数量：12 480　　　　　本期完工数量：12 480

20××年		摘要	直接材料	直接人工	燃料动力	制造费用	合计
月	日						
10	31	期初余额	0	0	0	0	0
11	30	本月发生额	543 281.934	1 932.650	632.959	1 221.761	547 069.304
		累计数	543 281.934	1 932.650	632.959	1 221.761	547 069.304
		本月转出完工产品	543 281.934	1 932.650	632.959	1 221.761	547 069.304
		月末在产品	0	0	0	0	0
		完工产品单位成本					43.836

注：对应表 2-55 的生产领料单。

表 A-41 产品成本计算单 13

生产单号：S1102004　　　　产品编码：S-AS**WS2　　　　本期工时：1 334
投产数量：8 330　　　　　　本期完工数量：8 330

20××年		摘要	直接材料	直接人工	燃料动力	制造费用	合计
月	日						
10	31	期初余额	0	0	0	0	0
11	30	本月发生额	362 077.476	1 286.505	421.341	813.288	364 598.610
		累计数	362 077.476	1 286.505	421.341	813.288	364 598.610
		本月转出完工产品	362 077.476	1 286.505	421.341	813.288	364 598.610
		月末在产品	0	0	0	0	0
		完工产品单位成本					43.769

注：对应表 2-56 的生产领料单。

表 A-42　产品成本计算单 14

生产单号：S1103005　　　产品编码：S-AS**WS2　　　本期工时：7 829
投产数量：49 300　　　　本期完工数量：30 300

20××年		摘要	直接材料	直接人工	燃料动力	制造费用	合计
月	日						
10	31	期初余额	0	0	0	0	0
11	30	本月发生额	2 145 629.177	7 550.259	2 472.774	4 773.038	2 160 425.248
		累计数	2 145 629.177	7 550.259	2 472.774	4 773.038	2 160 425.248
		本月转出完工产品	1 318 713.267	7 550.259	2 472.774	4 773.038	1 333 509.338
		月末在产品	826 915.910	0	0	0	826 915.910
		完工产品单位成本					44.010

注：对应表 2-57 的生产领料单。

表 A-43　产品成本计算单 15

生产单号：S1104006　　　产品编码：S-AT**FE1　　　本期工时：7 692
投产数量：24 860　　　　本期完工数量：24 860

20××年		摘要	直接材料	直接人工	燃料动力	制造费用	合计
月	日						
10	31	期初余额	0	0	0	0	0
11	30	本月发生额	313 906.544	7 418.137	2 429.503	4 689.514	328 443.698
		累计数	313 906.544	7 418.137	2 429.503	4 689.514	328 443.698
		本月转出完工产品	313 906.544	7 418.137	2 429.503	4 689.514	328 443.698
		月末在产品	0	0	0	0	0
		完工产品单位成本					13.212

注：对应表 2-58 的生产领料单。

表 A-44　产品成本计算单 16

生产单号：S1104007　　　　产品编码：S-BT**FE1　　　　本期工时：41 083
投产数量：82 100　　　　　本期完工数量：82 100

20××年		摘要	直接材料	直接人工	燃料动力	制造费用	合计
月	日						
10	31	期初余额	0	0	0	0	0
11	30	本月发生额	1 495 105.706	39 620.296	12 975.982	25 046.712	1 572 748.696
		累计数	1 495 105.706	39 620.296	12 975.982	25 046.712	1 572 748.696
		本月转出完工产品	1 495 105.706	39 620.296	12 975.982	25 046.712	1 572 748.696
		月末在产品	0	0	0	0	0
		完工产品单位成本					19.157

注：对应表 2-59 的生产领料单。

表 A-45　产品成本计算单 17

生产单号：S1104008　　　　产品编码：S-CS**WS2　　　　本期工时：2 505
投产数量：25 000　　　　　本期完工数量：25 000

20××年		摘要	直接材料	直接人工	燃料动力	制造费用	合计
月	日						
10	31	期初余额	0	0	0	0	0
11	30	本月发生额	638 954.250	2 415.813	791.199	1 527.201	643 688.463
		累计数	638 954.250	2 415.813	791.199	1 527.201	643 688.463
		本月转出完工产品	638 954.250	2 415.813	791.199	1 527.201	643 688.463
		月末在产品	0	0	0	0	0
		完工产品单位成本					25.748

注：对应表 2-60 的生产领料单。

表 A-46 产品成本计算单 18

生产单号：S1107009　　　　产品编码：S-BT**WS2　　　　本期工时：9 851

投产数量：45 000　　　　　本期完工数量：45 000

20××年		摘要	直接材料	直接人工	燃料动力	制造费用	合计
月	日						
10	31	期初余额	0	0	0	0	0
11	30	本月发生额	2 637 882.450	9 500.269	3 111.418	6 005.773	2 656 499.910
		累计数	2 637 882.450	9 500.269	3 111.418	6 005.773	2 656 499.910
		本月转出完工产品	2 637 882.450	9 500.269	3 111.418	6 005.773	2 656 499.910
		月末在产品	0	0	0	0	0
		完工产品单位成本					59.033

注：对应表 2-61 的生产领料单。

表 A-47 产品成本计算单 19

生产单号：S1107010　　　　产品编码：S-BT**FE1　　　　本期工时：21 133

投产数量：42 300　　　　　本期完工数量：42 300

20××年		摘要	直接材料	直接人工	燃料动力	制造费用	合计
月	日						
10	31	期初余额	0	0	0	0	0
11	30	本月发生额	770 393.826	20 380.589	6 674.815	12 883.971	810 333.201
		累计数	770 393.826	20 380.589	6 674.815	12 883.971	810 333.201
		本月转出完工产品	770 393.826	20 380.589	6 674.815	12 883.971	810 333.201
		月末在产品	0	0	0	0	0
		完工产品单位成本					19.157

注：对应表 2-62 的生产领料单。

表 A-48　产品成本计算单 20

生产单号：S1109011　　　产品编码：S-CS**WS2　　　　工时：2 869
投产数量：25 280　　　　本期完工数量：25 280

20××年		摘要	直接材料	直接人工	燃料动力	制造费用	合计
月	日						
10	31	期初余额	0	0	0	0	0
11	30	本月发生额	648 108.528	2 766.853	906.168	1 749.118	653 530.667
		累计数	648 108.528	2 766.853	906.168	1 749.118	653 530.667
		本月转出完工产品	648 108.528	2 766.853	906.168	1 749.118	653 530.667
		月末在产品	0	0	0	0	0
		完工产品单位成本					25.852

注：对应表 2-63 的生产领料单。

表 A-49　产品成本计算单 21

生产单号：S1110012　　　产品编码：S-CS**WS2　　　　本期工时：2 904
投产数量：30 000　　　　本期完工数量：30 000

20××年		摘要	直接材料	直接人工	燃料动力	制造费用	合计
月	日						
10	31	期初余额	0	0	0	0	0
11	30	本月发生额	766 745.100	2 800.607	917.223	1 770.456	772 233.386
		累计数	766 745.100	2 800.607	917.223	1 770.456	772 233.386
		本月转出完工产品	766 745.100	2 800.607	917.223	1 770.456	772 233.386
		月末在产品	0	0	0	0	0
		完工产品单位成本					25.741

注：对应表 2-64 的生产领料单。

表 A-50　产品成本计算单 22

生产单号：S1111013　　　　产品编码：S-CS**WS2　　　　本期工时：1 862
投产数量：18 200　　　　　本期完工数量：18 200

20××年		摘要	直接材料	直接人工	燃料动力	制造费用	合计
月	日						
10	31	期初余额	0	0	0	0	0
11	30	本月发生额	464 430.694	1 795.706	588.109	1 135.189	467 949.698
		累计数	464 430.694	1 795.706	588.109	1 135.189	467 949.698
		本月转出完工产品	464 430.694	1 795.706	588.109	1 135.189	467 949.698
		月末在产品	0	0	0	0	0
		完工产品单位成本					25.712

注：对应表 2-65 的生产领料单。

表 A-51　产品成本计算单 23

生产单号：S1111014　　　　产品编码：S-CS**WS2　　　　本期工时：3 018
投产数量：31 200　　　　　本期完工数量：31 200

20××年		摘要	直接材料	直接人工	燃料动力	制造费用	合计
月	日						
10	31	期初余额	0	0	0	0	0
11	30	本月发生额	797 414.904	2 997.344	981.655	1 894.827	803 288.730
		累计数	797 414.904	2 997.344	981.655	1 894.827	803 288.730
		本月转出完工产品	797 414.904	2 997.344	981.655	1 894.827	803 288.730
		月末在产品	0	0	0	0	0
		完工产品单位成本					25.746

注：对应表 2-66 的生产领料单。

表 A-52　产品成本计算单 24

生产单号：S1114015　　　产品编码：S-BT**WS2　　　本期工时：4 668
投产数量：21 540　　　　本期完工数量：21 540

20××年		摘要	直接材料	直接人工	燃料动力	制造费用	合计
月	日						
10	31	期初余额	0	0	0	0	0
11	30	本月发生额	1 262 988.657	4 501.802	1 474.378	2 845.899	1 271 810.736
		累计数	1 262 988.657	4 501.802	1 474.378	2 845.899	1 271 810.736
		本月转出完工产品	1 262 988.657	4 501.802	1 474.378	2 845.899	1 271 810.736
		月末在产品	0	0	0	0	0
		完工产品单位成本					59.044

注：对应表 2-67 的生产领料单。

表 A-53　产品成本计算单 25

生产单号：S1114016　　　产品编码：S-AT**FE1　　　本期工时：13 253
投产数量：42 600　　　　本期完工数量：42 600

20××年		摘要	直接材料	直接人工	燃料动力	制造费用	合计
月	日						
10	31	期初余额	0	0	0	0	0
11	30	本月发生额	539 101.296	12 781.145	4 185.933	8 079.840	564 148.214
		累计数	539 101.296	12 781.145	4 185.933	8 079.840	564 148.214
		本月转出完工产品	539 101.296	12 781.145	4 185.933	8 079.840	564 148.214
		月末在产品	0	0	0	0	0
		完工产品单位成本					13.243

注：对应表 2-68 的生产领料单。

表 A-54 产品成本计算单 26

生产单号：S1115017　　　　产品编码：S-AT**FE1　　　　本期工时：18 402
投产数量：60 000　　　　　本期完工数量：60 000

20××年		摘要	直接材料	直接人工	燃料动力	制造费用	合计
月	日						
10	31	期初余额	0	0	0	0	0
11	30	本月发生额	757 617.600	17 746.822	5 812.234	11 218.986	792 395.642
		累计数	757 617.600	17 746.822	5 812.234	11 218.986	792 395.642
		本月转出完工产品	757 617.600	17 746.822	5 812.234	11 218.986	792 395.642
		月末在产品	0	0	0	0	0
		完工产品单位成本					13.207

注：对应表 2-69 的生产领料单。

表 A-55 产品成本计算单 27

生产单号：S1116018　　　　产品编码：S-AT**FE1　　　　本期工时：9 255
投产数量：30 000　　　　　本期完工数量：30 000

20××年		摘要	直接材料	直接人工	燃料动力	制造费用	合计
月	日						
10	31	期初余额	0	0	0	0	0
11	30	本月发生额	379 648.800	8 925.488	2 923.173	5 642.415	397 139.876
		累计数	379 648.800	8 925.488	2 923.173	5 642.415	397 139.876
		本月转出完工产品	379 648.800	8 925.488	2 923.173	5 642.415	397 139.876
		月末在产品	0	0	0	0	0
		完工产品单位成本					13.238

注：对应表 2-70 的生产领料单。

表 A-56　产品成本计算单 28

生产单号：S1116019　　产品编码：S-CS**WS2　　本期工时：1 299
投产数量：13 000　　本期完工数量：13 000

20××年		摘要	直接材料	直接人工	燃料动力	制造费用	合计
月	日						
10	31	期初余额	0	0	0	0	0
11	30	本月发生额	332 256.210	1 252.751	410.287	791.950	334 711.198
		累计数	332 256.210	1 252.751	410.287	791.950	334 711.198
		本月转出完工产品	332 256.210	1 252.751	410.287	791.950	334 711.198
		月末在产品	0	0	0	0	0
		完工产品单位成本					25.747

注：对应表 2-71 的生产领料单。

表 A-57　产品成本计算单 29

生产单号：S1118020　　产品编码：S-AS**WS2　　本期工时：3 888
投产数量：24 000　　本期完工数量：24 000

20××年		摘要	直接材料	直接人工	燃料动力	制造费用	合计
月	日						
10	31	期初余额	0	0	0	0	0
11	30	本月发生额	1 044 525.360	3 749.573	1 228.017	2 370.363	1 051 873.313
		累计数	1 044 525.360	3 749.573	1 228.017	2 370.363	1 051 873.313
		本月转出完工产品	1 044 525.360	3 749.573	1 228.017	2 370.363	1 051 873.313
		月末在产品	0	0	0	0	0
		完工产品单位成本					43.828

注：对应表 2-72 的生产领料单。

表 A-58　产品成本计算单 30

生产单号：S1120021　　　产品编码：S-BT**WS2　　　本期工时：6 888
投产数量：31 240　　　　本期完工数量：31 240

20××年		摘要	直接材料	直接人工	燃料动力	制造费用	合计
月	日						
10	31	期初余额	0	0	0	0	0
11	30	本月发生额	1 831 276.616	6 642.762	2 175.561	4 199.347	1 844 294.286
		累计数	1 831 276.616	6 642.762	2 175.561	4 199.347	1 844 294.286
		本月转出完工产品	1 831 276.616	6 642.762	2 175.561	4 199.347	1 844 294.286
		月末在产品	0	0	0	0	0
		完工产品单位成本					59.036

注：对应表 2-73 的生产领料单。

表 A-59　产品成本计算单 31

生产单号：S1121022　　　产品编码：S-BT**WS2　　　本期工时：5 612
投产数量：29 100　　　　本期完工数量：20 000

20××年		摘要	直接材料	直接人工	燃料动力	制造费用	合计
月	日						
10	31	期初余额	0	0	0	0	0
11	30	本月发生额	1 696 227.651	5 412.192	1 772.539	3 421.419	1 706 833.801
		累计数	1 696 227.651	5 412.192	1 772.539	3 421.419	1 706 833.801
		本月转出完工产品	1 165 792.200	5 412.192	1 772.539	3 421.419	1 176 398.350
		月末在产品	530 435.451	0	0	0	530 435.451
		完工产品单位成本					58.820

注：对应表 2-74 的生产领料单。

表 A-60　产品成本计算单 32

生产单号：S1124023　　　产品编码：S-BT**WS2　　　本期工时：4 960
投产数量：38 420　　　　本期完工数量：13 420

20××年		摘要	直接材料	直接人工	燃料动力	制造费用	合计
月	日						
10	31	期初余额	0	0	0	0	0
11	30	本月发生额	2 252 544.293	4 783.406	1 566.606	3023.920	2 261 918.225
		累计数	2 252 544.293	4 783.406	1 566.606	3023.920	2 261 918.225
		本月转出完工产品	786 807.507	4 783.406	1 566.606	3023.920	796 181.439
		月末在产品	1 465 736.786	0	0	0	1 465 736.786
		完工产品单位成本					59.328

注：对应表 2-75 的生产领料单。

表 A-61　产品成本计算单 33

生产单号：S1125024　　　产品编码：S-BT**WS2　　　本期工时：1 426
投产数量：27 640　　　　本期完工数量：0

20××年		摘要	直接材料	直接人工	燃料动力	制造费用	合计
月	日						
10	31	期初余额	0	0	0	0	0
11	30	本月发生额	1 620 568.278	1 375.229	450.399	869.377	1 623 263.283
		累计数	1 620 568.278	1 375.229	450.399	869.377	1 623 263.283
		本月转出完工产品	0	0	0	0	0
		月末在产品	1 620 568.278	1 375.229	450.399	869.377	1 623 263.283
		完工产品单位成本					0

注：对应表 2-76 的生产领料单。

表 A-62　产品成本计算单 34

生产单号：S1128025　　　产品编码：S-CS**WS2　　　本期工时：2 608
投产数量：74 840　　　　本期完工数量：0

20××年		摘要	直接材料	直接人工	燃料动力	制造费用	合计
月	日						
10	31	期初余额	0	0	0	0	0
11	30	本月发生额	1 913 079.414	2 515.146	823.732	1 589.996	1 918 008.288
		累计数	1 913 079.414	2 515.146	823.732	1 589.996	1 918 008.288
		本月转出完工产品	0	0	0	0	0
		月末在产品	1 913 079.414	2 515.146	823.732	1 589.996	1 918 008.288
		完工产品单位成本					0

注：对应表 2-77 的生产领料单。

表 A-63　产品成本计算单 35

生产单号：S1130026　　　产品编码：S-AS**WS2　　　本期工时：1 268
投产数量：21 550　　　　本期完工数量：0

20××年		摘要	直接材料	直接人工	燃料动力	制造费用	合计
月	日						
10	31	期初余额	0	0	0	0	0
11	30	本月发生额	937 932.865	1 222.855	400.495	773.050	940 329.265
		累计数	937 932.865	1 222.855	400.495	773.050	940 329.265
		本月转出完工产品	0	0	0	0	0
		月末在产品	937 932.865	1 222.855	400.495	773.050	940 329.265
		完工产品单位成本					0

注：对应表 2-78 的生产领料单。

本期完工产品生产成本汇总表如表 A-64 所示。

表 A-64　本期完工产品生产成本汇总表

部门：生产二部　　　　所属期间：20××年11月　　　　（金额单位：元）

生产单号	各单项成本合计				完工产品		
	直接材料	直接人工	燃料动力	制造费用	总成本	数量	单位成本
S1021015	19 226.100	2 312.709	743.915	2 270.384	24 553.108	415	59.164
S1021016	8 402.600	1 489.699	483.384	1 211.195	11 586.878	268	43.235
S1021017	10 136.600	1 944.155	630.790	1 584.079	14 295.624	330	43.320
S1022018	24 538.600	11 049.201	3 586.373	8 918.687	48 092.861	2 532	18.994
S1026021	29 045.200	9 155.562	2 972.631	7 336.427	48 509.820	3 700	13.111
S1027023	13 229.000	4 124.406	1 344.152	3 003.576	21 701.134	1 670	12.995
S1028024	16 251.800	2 086.392	676.421	1 731.058	20 745.671	350	59.273
S1029025	14 181.200	4 338.860	1 414.043	3 159.753	23 093.856	1 760	13.122
S1030026	13 613.400	5 950.937	1 939.176	4 348.454	25 851.967	1 360	19.009
S1101001	449 779.548	10 628.612	3480.960	6 719.076	470 608.196	35 550	13.238
S1101002	346 999.242	8 200.262	2685.655	5 183.949	363 069.108	27 420	13.241
S1101003	543 281.934	1 932.650	632.959	1 221.761	547 069.304	12 480	43.836
S1102004	362 077.476	1 286.505	421.341	813.288	364 598.610	8 330	43.769
S1103005	1 318 713.267	7 550.259	2472.774	4 773.038	1 333 509.338	30 300	44.010
S1104006	313 906.544	7 418.137	2429.503	4 689.514	328 443.698	24 860	13.212
S1104007	1 495 105.706	39 620.296	12 975.982	25 046.712	1 572 748.696	82 100	19.157
S1104008	638 954.250	2 415.813	791.199	1 527.201	643 688.463	25 000	25.748
S1107009	263 788 2.450	9 500.269	3 111.418	6 005.773	2 656 499.910	45 000	59.033
S1107010	770 393.826	20 380.589	6 674.815	12 883.971	810 333.201	42 300	19.157
S1109011	648 108.528	2 766.853	906.168	1 749.18	653 530.667	25 280	25.852
S1110012	766 745.100	2 800.607	917.223	1 770.456	772 233.386	30 000	25.741
S1111013	464 430.694	1 795.706	588.109	1 135.189	467 949.698	18 200	25.712
S1111014	797 414.904	2 997.344	981.655	1 894.827	803 288.730	31 200	25.746
S1114015	126 298 8.657	4 501.802	1 474.378	2 845.899	1 271 810.736	21 540	59.044
S1114016	539 101.296	12 781.145	4 185.933	8 079.840	564 148.214	42 600	13.243
S1115017	757 617.600	17 746.822	5 812.234	11 218.986	792 395.642	60 000	13.207
S1116018	379 648.800	8 925.488	2 923.173	5 642.415	397 139.876	30 000	13.238
S1116019	332256.210	1 252.751	410.287	791.950	334 711.198	13 000	25.747

（续）

生产单号	各单项成本合计				完工产品		
	直接材料	直接人工	燃料动力	制造费用	总成本	数量	单位成本
S1118020	1 044 525.360	3 749.573	1 228.017	2 370.363	1 051 873.313	24 000	43.828
S1120021	1 831 276.616	6 642.762	2 175.561	4 199.347	1 844 294.286	31 240	59.036
S1121022	1 165 792.200	5 412.192	1 772.539	3 421.419	1 176 398.350	20 000	58.820
S1124023	786 807.507	4 783.406	1 566.606	3 023.920	796 181.439	13 420	59.328
合计	19 802 432.215	227 541.764	74 409.374	150 571.625	2 025 495 4.978		

本期月末在产品生产成本结余如表 A-65 所示。

表 A-65 本期月末在产品生产成本结余

部门：生产二部　　　　所属期间：20××年11月　　　　（金额单位：元）

生产单号	各单项成本				在产品		
	直接材料	直接人工	燃料动力	制造费用	总成本	数量	已投入工时
S1103005	826 915.910				826 915.91	19 000	2 981
S1121022	530 435.451				530 435.451	9 100	1 212
S1124023	1 465 736.786				1 465 736.786	25 000	2 020
S1125024	1 620 568.278	1 375.229	450.399	869.377	1 623 263.283	27 640	1 426
S1128025	1 913 079.414	2 515.146	823.732	1 589.996	1 918 008.288	74 840	2 608
S113026	937 932.865	1 222.855	400.495	773.050	940 329.265	21 550	1 268
合计	7 294 668.704	5 113.230	1674.626	3 232.423	7 304 688.983		

产品完工入库时，根据具体产品类别与完工成本，将其从"基本生产成本——生产二部（××产品）"中结转至"库存商品——××产品"中，以表2-118生产入库单为例，结合上述成本计算结果，结转完工产品的会计分录为：

　　借：库存商品——5050白光　　　　　　　　　　2 270.38
　　　　贷：基本生产成本——生产二部（5050白光）　　　2 270.38

会计极速入职晋级

书号	定价	书名	作者	特点
66560	39	一看就懂的会计入门书	钟小灵	非常简单的会计入门书；丰富的实际应用举例，贴心提示注意事项，大量图解，通俗易懂，一看就会
44258	30	世界上最简单的会计书	达雷尔·穆利斯	被当当、卓越读者誉为最真材实料的易懂又有用的会计入门书
59148	49	管理会计实践	郭永清	总结调查了近1000家企业问卷，教你构建全面管理会计图景，在实务中融会贯通地去应用和实践
55905	39	手把手教你编制高质量现金流量表：从入门到精通	徐峥	模拟实务工作真实场景，说透现金流量表的编制原理与操作的基本思路
69271	59	真账实操学成本核算（第2版）	鲁爱民	作者是财务总监和会计专家；基本核算要点，手把手讲解；重点账务处理，举例综合演示
57492	49	房地产税收面对面（第3版）	朱光磊	作者是房地产从业者，结合自身工作经验和培训学员常遇问题写成，丰富案例
58610	39	中小企业税务与会计实务	张海涛	厘清常见经济事项的会计和税务处理，对日常工作中容易遇到重点和难点财税事项，结合案例详细阐释
62827	49	降低税负：企业涉税风险防范与节税技巧实战	马昌尧	深度分析隐藏在企业中的涉税风险，详细介绍金三环境下如何合理节税。5大经营环节，97个常见经济事项，107个实操案例，带你活学活用税收法规和政策
62750	99	一本书看透个人所得税	计敏 等	税务局所得税专业人士深度解读税法条例、部委文件重要政策问答形式，直击361项个税操作要点 115个案例，51张精心绘制图表从普遍到特殊、从简单到复杂 个税热点、难点、盲点问题一本书看透
42845	30	财务是个真实的谎言（珍藏版）	钟文庆	被读者誉为最生动易懂的财务书；作者是沃尔沃财务总监
64673	79	全面预算管理：案例与实务指引（第2版）	龚巧莉	权威预算专家，精心总结多年工作经验/基本理论、实用案例、执行要点，一册讲清/大量现成的制度、图形、表单等工具，即改即用
50885	49	全面预算管理实践	贾卒	不仅介绍原理和方法，更有59个案例示范如何让预算真正落地，附赠完整的全面预算管理表格和"经营业绩考评会"表格模板
61153	65	轻松合并财务报表：原理、过程与Excel实战	宋明月	87张大型实战图表，手把手教你用EXCEL做好合并报表工作；书中表格和合并报表的编制方法可直接用于工作实务！
60448	45	左手外贸右手英语	朱子斌	22年外贸老手，实录外贸成交秘诀，提示你陷阱和套路，告诉你方法和策略，大量范本和实例
63740	45	地道英语即学即用	毅冰	贸大咖毅冰的英语私房书，366个真实情景，浅显易懂；正确和错误表达对比讲解，一看就会
55681	59	美容院这样开才赚钱	张恒	中国美容院高业绩常态化的核心密码，美容院病态经营之盲区误区大起底，美容院院长运营管理的八大核心要素，美容院生态运营时代的案头读物
54616	39	十年涨薪30倍	李燕翔	实录500强企业工作经验，透视职场江湖，分享财务技能，让涨薪，让升职，变为现实
69178	169	财务报告与分析：一种国际化视角	丁远	从财务信息使用者角度解读财务与会计，强调创业者和创新的重要作用

财务知识轻松学

书号	定价	书名	作者	特点
45115	39	IPO财务透视：方法、重点和案例	叶金福	大华会计师事务所合伙人经验作品，书中最大的特点就是干货多
58925	49	从报表看舞弊：财务报表分析与风险识别	叶金福	从财务舞弊和盈余管理的角度，融合工作实务中的体会、总结和思考，提供全新的报表分析思维和方法，黄世忠、夏草、梁春、苗润生、徐珊推荐阅读
62368	79	一本书看透股权架构	李利威	126张股权结构图，9种可套用架构模型；挖出38个节税的点，避开95个法律的坑；蚂蚁金服、小米、华谊兄弟等30个真实案例
52074	39	财报粉饰面对面	夏草	夏草作品，带你识别财报风险
62606	79	财务诡计（原书第4版）	（美）霍华德·M·施利特 等	畅销25年，告诉你如何通过财务报告发现会计造假和欺诈
58202	35	上市公司财务报表解读：从入门到精通（第3版）	景小勇	以万科公司财报为例，详细介绍分析财报必须了解的各项基本财务知识
67215	89	财务报表分析与股票估值（第2版）	郭永清	源自上海国家会计学院内部讲义，估值方法经过资本市场验证
58302	49	财务报表解读：教你快速学会分析一家公司	续芹	26家国内外上市公司财报分析案例，17家相关竞争对手、同行业分析，遍及教育、房地产等20个行业；通俗易懂，有趣有用
67559	79	500强企业财务分析实务（第2版）	李燕翔	作者将其在外企工作期间积攒下的财务分析方法倾囊而授，被业界称为最实用的管理会计书
67063	89	财务报表阅读与信贷分析实务（第2版）	崔宏	重点介绍商业银行授信风险管理工作中如何使用和分析财务信息
58308	69	一本书看透信贷：信贷业务全流程深度剖析	何华平	作者长期从事信贷管理与风险模型开发，大量一手从业经验，结合法规、理论和实操融会贯通讲解
55845	68	内部审计工作法	谭丽丽 等	8家知名企业内部审计部长联手分享，从思维到方法，一手经验，全面展现
62193	49	财务分析：挖掘数字背后的商业价值	吴坚	著名外企财务总监的工作日志和思考笔记；财务分析视角重在为管理决策提供支持；提供财务管理和分析决策工具
67624	49	新手读财报：业务、数据、报表与财务分析实战	郑瑞雪	零基础财报入门，业财融合视角，大量案例，配有练习题和答案
66825	69	利润的12个定律	史永翔	15个行业冠军企业，亲身分享利润创造过程；带你重新理解客户、产品和销售方式
60011	79	一本书看透IPO	沈春晖	全面解析A股上市的操作和流程；大量方法、步骤和案例
65858	79	投行十讲	沈春晖	20年的投行老兵，带你透彻了解"投行是什么"和"怎么干投行"；权威讲解注册制、新证券法对投行的影响
65894	79	一本书看透价值投资	林奇 何天峰	基金经理长线投资经验；13个行业专题研究，36家龙头上市公司案例分析，8大选股指标
67511	69	我在通用汽车的岁月	阿尔弗雷德·斯隆	经典商业著作，畅销50多年；译文准确、流畅
68421	59	商学院学不到的66个财务真相	田茂永	萃取100多位财务总监经验
68080	79	中小企业融资：案例与实务指南	吴瑕	畅销10年，帮助了众多企业；有效融资的思路、方略和技巧；从实务层面，帮助中小企业解决融资难、融资贵问题
68640	79	规则：用规则的确定性应对结果的不确定性	龙波	华为21位前高管一手经验首次集中分享；从文化到组织，从流程到战略，让不确定变得可确定
69051	79	华为财经密码	杨爱国 高正贤	揭示华为财经管理的核心思想和商业逻辑
68916	99	企业内部控制从懂到用	冯萌 宋志强	完备的理论框架及丰富的现实案例，展示企业实操经验教训，提出切实解决方案